In Anlehnung an das Buch des Seniorautors Albert Ellis “Executive leadership: A rational approach” (Institute for Rational Living, New York, NY, 1972).

Albert Ellis, Ph.D., entwickelte die Rational-Emotive Verhaltenstherapie (REVT) und ist der Begründer und Pionier der Kognitiven Verhaltenstherapie. Er gehört mit Sigmund Freud und Carl Rogers zu den einflussreichsten Psychotherapeuten des vergangenen 20. Jhd. Er leitete bis zu seinem Tode das weltweit renommierte, nach ihm benannte ALBERT ELLIS INSTITUTE in New York.

Dieter Schwartz, Dipl.-Psych., Psychologischer Psychotherapeut und viele Jahre auch als Rechtsanwalt tätig, leitet das Deutsche Institut für Rational-Emotive & Kognitive Verhaltenstherapie (DIREKT) e.V., dem Tochterinstitut des Albert Ellis Institute. Er hat viele Arbeiten zur REVT veröffentlicht und seit über 30 Jahren Hunderte von Psychotherapeuten, Trainer und Berater in der REVT ausgebildet. (https://www.ret-revt.de)

Petra Jacobi, Dipl.-Psych., Psychologische Psychotherapeutin, ist leitende Psychologin an der Paracelsus-Roswitha-Klinik in Bad Gandersheim und langjährige Referentin am Deutschen Institut für Rational-Emotive & Kognitive Verhaltenstherapie (DIREKT) e.V. in Würzburg.

Umschlaggestaltung: Mediengestaltung hemmer/wüst Verlag
Bildnachweis: Detlef Staadt S. 103, Icon made by Pixel perfect from www.flaticon.com
Satz und Grafik: HEMMER-GRAFIK, Mergentheimer Str. 44, 97082 Würzburg

Druck: Schleunungdruck GmbH, Eltertstraße 27, 97828 Marktheidenfeld

2. Auflage 2020

Mergentheimer Str. 44
97082 Würzburg
Tel.: 0931/7978230
E-Mail: verlag@hemmer.de
www.hemmer-shop.de
verlag@hemmer.de
Printed in Germany
ISBN: 978-3-86193-937-5

Albert Ellis Dieter Schwartz Petra Jacobi

Coach dich!

Rationales Effektivitätstraining zur Überwindung emotionaler Blockaden

hemmer/wüst Verlag

INDEX

Einleitung

Als Sie, liebe Leserin, lieber Leser, dieses Buch kauften, hatten Sie wahrscheinlich recht unterschiedliche Kaufmotive. Aber ein Motiv darf wohl bei den meisten von Ihnen vermutet werden: Sie wissen oder haben bereits erfahren, dass man im beruflichen Leben mit einer Menge von Schwierigkeiten und Problemen konfrontiert wird, und Sie versprechen sich von der Lektüre dieses Buches mehr Einsicht und Verständnis für diese Problematik.

Lassen Sie uns daher zunächst einen kurzen Blick darauf werfen, für welche Art von beruflichen Problemen Sie eine vertiefte Einsicht und Hilfe von diesem Buch erwarten dürfen und für welche nicht (jedenfalls nicht unmittelbar):

Dieses Buch kann Ihnen keinen Arbeitsplatz verschaffen - aber es kann Ihnen helfen, Ihren Arbeitsplatz zu behalten oder beruflich aufzusteigen, indem es Ihnen Wege zeigt, wie Sie weniger selbstschädigende Verhaltensweisen und mehr für Sie und Ihren Arbeitgeber bzw. Ihr Unternehmen förderliche Eigenschaften entwickeln als Ihre Konkurrenten. Ja, wir sprechen von Konkurrenten; denn es wäre blauäugig, anzunehmen, Sie stünden nicht in ständiger Konkurrenz zu anderen, in einer Gesellschaft, die ökonomisch auf Wettbewerb (Markt) aufgebaut ist. Selbst Topmanager, ja gerade diese wissen, dass sie nicht unersetzlich sind, und dass es andere fähige Manager gibt, die (nahezu) alles tun würden, um eine (Ihre?) Spitzenposition eines Unternehmens selbst zu erreichen. Allenfalls Eigentümer von Unternehmen stehen weniger unter Konkurrenzdruck zu ihren Angestellten, dafür steht ihr ganzes Unternehmen in Konkurrenz zu anderen.

Dieses Buch zeigt Ihnen keinen Weg zu paradiesischen Zuständen in Ihrem (Arbeits-)Leben. Aber wenn Sie unsere Ratschläge ernsthaft umsetzen, werden Sie in der Lage sein, mehr Zufriedenheit in und mit Ihrem Beruf wie auch im privaten Leben zu erreichen. Die Betonung liegt auf mehr Zufriedenheit, nicht auf absolutem Glück; denn in unserer Welt gibt es praktisch keine Absolutheiten: weder absolutes Glück noch absolute Wahrheit, wie Karl Popper betonte, einer der einflussreichsten Philosophen des 20. Jahrhunderts, dessen Philosophie neben anderen auch unseren Ratschlägen zugrunde liegt.

Aber wie können Sie dieses Ziel erreichen?

Die Antwort lautet: durch Rationales Effektivitäts-Training oder R.E.T., das auf den Prinzipien der Rational Emotive Behavior Therapy (REBT) basiert, einer Psychotherapieschule, die der Seniorautor Albert Ellis in den 50er Jahren begründete und die zu den bedeutendsten Therapieschulen des ausgehenden 20. Jhd. gerechnet werden kann. Lesen Sie bitte im Infokasten 1 mehr zur REBT!

Rational-Emotive Verhaltenstherapie (REVT) oder Rational Emotive Behavior Therapy (REBT)

Info 1

Die Unzulänglichkeiten traditioneller Formen der Psychotherapie veranlassten Albert Ellis in den fünfziger Jahren, das System der REVT zu entwickeln. Über Jahre war dieser Ansatz der einzige, der eine aktiv-direktive Form der Psychotherapie darstellte und die Kognitionen als wichtigste Determinante für menschliche Gefühle postulierte. Erst ca. 10 Jahre später griffen Verhaltenstherapeuten im Zuge der „kognitiven Wende" in der Verhaltenstherapie ihre Methoden auf. REVT ist somit die älteste und erste Kognitive Verhaltenstherapie. Die REVT-Methoden stellen heute den Hauptanteil der Kognitiven Verhaltenstherapien. In vielerlei Hinsicht gehen sie sogar über andere Kognitive Therapieformen hinaus. Heute werden REVT und andere kognitiv-behaviorale Techniken weltweit von über 12.000 Psychotherapeuten und Beratern im psychosozialen Bereich praktiziert.

REVT ist ein ganzheitlicher handlungsorientierter Psychotherapieansatz mit dem Ziel emotionalen Wachstums: wir werden ermutigt, unsere Gefühle bewusst zu erleben und auszudrücken, wobei der Zusammenhang von Denken, Fühlen und Handeln betont wird.

REVT hilft

- emotionalen Stress und zwischenmenschliche Probleme zu überwinden
- die vorhandene persönliche Energie kreativ einzusetzen
- sein Leben bei der täglichen Arbeit und im persönlichen Bereich mit mehr Zufriedenheit, Erfolg und Erfüllung zu gestalten.

Die Therapieforschung hat gezeigt, dass emotionale Probleme hauptsächlich auf bestimmte Erwartungen und Einstellungen über sich selbst, über andere Menschen und über die Welt zurückzuführen sind - und eben nicht nur abhängen von Erziehung und Umwelt.

Wir Menschen tendieren dazu, uns übermäßig psychisch zu belasten, wenn

- etwas schief läuft oder wir von einem uns wichtigen Menschen abgelehnt werden
- andere Menschen uns (gewollt oder ungewollt) unfair behandeln
- wir mit Dingen konfrontiert werden, die unangenehm oder schmerzvoll sind.

Indem wir lernen, unsere selbstschädigenden Einstellungen zu verändern, entwickeln wir größere Fähigkeiten mit gegenwärtigen Problernen umzugehen und ein freieres, unabhängigeres und emotional befriedigenderes Leben zu führen.

Einige wesentliche Aspekte der Rational-Emotiven Verhaltenstherapie sind:

1. Zwischen der Psychotherapie im Allgemeinen und der Verhaltenstherapie im Besonderen auf der einen Seite und der Philosophie auf der anderen Seite besteht seit längerer Zeit eine unsinnige Trennung. Dagegen hat die REVT nunmehr ausdrücklich auf eine lange philosophische Tradition Bezug genommen: auf die enge Verbindung zwischen REVT und stoischer Philosophie. Der Ausspruch Epiktets, des größten Vertreters der stoischen Philosophie, umreißt die klinische Theorie der REVT: Es sind nicht die Dinge an sich, die die Menschen in emotionale Verwirrung bringen, sondern die Sicht, die sie von diesen Dingen haben.

2. Die REVT macht uns klar, dass psychologische Hilfe zu einem großen Teil aus Selbsthilfe besteht. Die vielen Therapeuten und Berater, die in der ganzen Welt nach den Prinzipien der REVT arbeiten, ermutigen ihre Klienten regelmäßig, verschiedene Selbsthilferatgeber zu lesen. Diese Bibliotherapie kann sehr nützlich sein und den therapeutischen Erfolg beschleunigen. Hunderte von Lesern des Selbsthilfebuches „Gefühle verstehen und positiv verändern" (von Dieter Schwartz) oder des Selbsthilfebuches „Training der Gefühle" (von Albert Ellis) erklärten, dass sie sogar ohne jeden Kontakt mit einem professionellen Therapeuten nur durch Bibliotherapie bemerkenswerte Verbesserungen ihres psychischen Befindens erreichten.

3. Die REVT betont die Bedeutung und Wirksamkeit aktiver Selbstmanagement-Techniken. In vielen Büchern (z.B. „Training der Gefühle" von Albert Ellis oder „Vernunft und Emotion" von Dieter Schwartz) präsentieren Rational-Emotive Verhaltenstherapeuten in exzellenter Weise eine große Zahl von praktischen Übungsvorschlägen, mit deren Hilfe die Leser die Prinzipien der REVT für sich anzuwenden lernen.

Dennoch: Auch das beste Selbsthilfebuch kann nicht garantieren, dass man entsprechend hart an sich arbeitet, um sein Leben entscheidend zum Vorteil hin zu ändern - aber es zeigt genau, wie man an sich arbeiten kann, wenn man will. Wir hoffen, diesem Anspruch gerecht zu werden.

Mit Hilfe des Rationalen Effektivitäts-Trainings können Sie Ihre emotionalen Blockaden, die das Zentrum Ihrer Probleme und Schwierigkeiten bilden, aufdecken und überwinden.

Wo findet diese Selbstsabotage statt? Zweifellos in Ihrem Kopf, in Ihren Gedanken!

Bestimmte Gedanken wirken wie Fehler im Betriebssystem, die trotz bester Software (z.B. dem Wissen, wie neue Absatzmärkte gefunden werden können; Personalentwicklung; Qualitätssicherung u.ä.) wirkliche Effizienz verhindern.

Dies ist eine durchaus einfache Angelegenheit - so einfach wie das ABC. Allerdings bedeutet einfach nicht leicht! Wenn jemand mit dem Rauchen oder Trinken aufhören will, so hat er keine hochstehende intellektuell anspruchsvolle und komplexe Aktivität zu entfalten - er muss einfach aufhören. Aber wie ungeheuer schwer ist diese „einfache" Aktivität!

Im ersten Abschnitt dieses Buches wollen wir Sie mit dem ABC des Rationalen Effektivitäts-Trainings (R.E.T.) vertraut machen, auf dessen Grundlage Sie in den folgenden Kapiteln Ihre „basalen" Führungsfähigkeiten (Entscheidungs- und Konzentrationsfähigkeit, soziales Handeln, Selbstdisziplin und Selbstakzeptanz) ausbauen können. Die letzten Abschnitte widmen sich der Überwindung der am häufigsten auftretenden emotionalen Blockaden.

Im Anhang des Buches finden Sie ein Glossar, welches die wichtigsten Begriffe nochmals aufführt und somit ein schnelles Nachschlagen ermöglicht.

Besondere Anmerkung: Bei diesem Buch wurde durchgängig die männliche bzw. sächliche Form verwandt, dies geschah nicht aus Ignoranz oder plumper Unachtsamkeit, sondern um das Lesen zu vereinfachen. Natürlich sind inhaltlich beide Geschlechter angesprochen.

1 Das ABC des Rationalen Effektivitäts-Trainings (R. E. T.)

Wie die meisten von uns wissen, ist es nicht alleine damit getan, dass wir Einsicht in unsere Probleme erlangen: „Ich muss endlich aufhören zu rauchen", sagen Sie zu sich. „Und ich mache viel zu wenig Sport! Wenn ich so weitermache, wird sich mein Herzinfarktrisiko immer mehr erhöhen!" oder: „Mein Gott, schon wieder habe ich mich maßlos aufgeregt über den Kollegen Müller. Dabei weiß ich doch, dass ich damit nichts wirklich ändere. Ich muss mich in Zukunft besser im Zaum halten!"

Gute Vorsätze und Metaprobleme

Diese Art von Einsichten entsprechen den guten Vorsätzen, die sich viele Menschen am Silvesterabend für das Neue Jahr vornehmen - und oft schon am Neujahrstag wieder brechen. Solch in Wahrheit blinde Einsicht oder Vorsatzbildung kann auf Dauer sogar sehr problematisch werden. Sie wird nämlich zum Ausgangspunkt dafür, dass wir uns ein neues Problem aus dem Problem machen, sozusagen ein Metaproblem. Es ist ja richtig, dass Nikotin und wenig Bewegung das Herzinfarktrisiko erhöhen. Ihre Feststellung, dass eine gründliche Änderung Ihres Verhaltens für Sie von Vorteil wäre, ist daher vollkommen O.K. Aber leider verbinden die meisten Menschen mit einer solchen Feststellung noch andere Forderungen und Überlegungen: „Wenn ich schon genau weiß, dass es falsch ist, soviel zu rauchen und so wenig Sport zu betreiben, so müsste ich doch dieser Einsicht gemäß handeln – und wenn ich es dann nicht schaffe, muss es daran liegen, dass ich ein Versager bin!"

Darin steckt eine Form der Selbsterniedrigung:

„Niemand würde sich so maßlos aufregen, wenn er wüsste, dass es nichts bringt. Also bin ich ein riesiger Trottel!" Und: „Wenn es mir nicht gelingt, mich in Zukunft besser im Zaum zu halten, so ist damit der Beweis erbracht, was für ein Idiot ich bin!"

Zweite Probleme sind belastender

Und schon haben Sie aus Ihrem ersten Problem ein zweites Problem gemacht: Sie handeln nicht nur selbstschädigend (indem Sie rauchen und wenig Sport betreiben) oder ärgern sich „maßlos" über andere Leute – sondern Sie erniedrigen sich nun auch noch dafür, dass Sie sich trotz besseren Wissens nicht ändern. Und tatsächlich haben solche zweiten Probleme die Tendenz sich noch viel schädigender, weil emotional belastender, auszuwirken als das ursprüngliche (erste) Problem – wie wir aus unserer psychotherapeutischen Arbeit mit Tausenden von Klienten wissen.

Wie lautet also die Lösung?

Entwickeln Sie Rationale Sensitivität gemäß den Prinzipien des R.E.T., d.h. werden Sie sensitiv, aber nicht sensibel. In anderen Worten: lernen Sie, wie Sie sensitiv werden können ohne verletzbar zu sein. Viele Sprachen, so auch die Muttersprache der Autoren, nämlich englisch bzw. deutsch halten trickreiche Fallen bereit, was die Bedeutung bestimmter Worte betrifft. Ein und dasselbe Wort hat manchmal zwei gegensätzliche Bedeutungen. So z.B. das Wort „brauchen", etwa in dem Satz „Ich brauche deine Wertschätzung". Damit ist erstens gemeint: „Ich würde mich sehr freuen, wenn du mein Verhalten schätzen würdest. Ansonsten wäre ich enttäuscht und würde vielleicht mein Verhalten in gewisser Hinsicht ändern, damit du es schätzt." Aber es kann sich auch noch die zweite folgende Bedeutung dahinter verbergen: „Ich bin absolut angewiesen darauf, dass du mein Verhalten schätzt; denn wenn du das nicht tätest, so wäre das ein Zeichen für mich, dass du mich als Person nicht magst. Und wenn das der Fall wäre, könnte ich mich selbst nicht akzeptieren und müsste mich als totalen Versager betrachten."

Rationale Sensitivität

Es ist klar, dass die beiden Bedeutungen, die hinter dem Begriff „brauchen" stecken, völlig unterschiedlich sind. Solange jemand diesen Unterschied nicht sieht (d.h. nicht sensitiv ist) und die zweite Bedeutung bei sich wirksam bleiben lässt, gerät er in Gefahr, sich nicht nur enttäuscht und traurig zu fühlen, wenn ihn jemand ablehnt, sondern dann völlig „down" zu sein.

Ähnlich kann auch der Begriff „Sensitivität" eine doppelte Bedeutung haben: „Ich bin sensitiv gegenüber deinen (depressiven) Gefühlen", heißt soviel wie

1. „Ich nehme wahr, dass du niedergeschlagen bist, ich bin insoweit empfindsam und einfühlsam. Daher habe ich auch Verständnis für dein Verhalten und kann dich vielleicht sogar unterstützen, damit du weniger depressiv wirst."

Es kann aber auch heißen:

2. „Ich merke, dass du depressiv bist und bin dem gegenüber hoch sensibel und empfindlich. Ich leide geradezu mit, so dass ich es kaum aushalten kann, wenn du gedrückter Stimmung bist. Ich werde dann auch depressiv. Dann hasse ich deine Depressionen und dich und beginne mich zu fragen, ob ich den Kontakt mit dir nicht besser abbrechen sollte."

Wenn wir von rationaler Sensitivität sprechen, so meinen wir damit die erste, nicht die zweite Bedeutung. Mit anderen Worten: Wir möch-

Effektivitätsmotoren

ten Ihnen Wege zeigen, wie Sie sensitiv werden können bezüglich der Fehler, die Sie (und andere) machen, dabei aber gleichzeitig praktisch immun werden gegen Kränkungen, die Ihnen andere zufügen. Rationale Sensitivität bedeutet: Weltoffene Toleranz, Flexibilität und Weitsichtigkeit als Effektivitätsmotoren zu entwickeln. Rationale Sensitivität stärkt Ihre Fähigkeit, einerseits zu sich selbst zu finden, zu tun, was Ihnen entspricht und andererseits die Wege der anderen Menschen zu tolerieren - selbst wenn Sie oder die anderen Menschen dabei Fehler machen. Rationale Sensitivität ist das Ergebnis vernünftigen, rationalen Denkens, eben des Rationalen Effektivitäts-Trainings (R.E.T.).

R.E.T. stellt den Schlüssel dar, um in seinem Leben die größtmögliche Befriedigung und Zufriedenheit zu erreichen bzw. Unglück soweit wie möglich zu minimieren. Und zwar nicht auf Kosten unserer Mitmenschen, und ohne dass wir von ihnen fordern, sie müssten ganz genauso denken und handeln wie wir.

Keine kalten Kopfmenschen

Ein mögliches Missverständnis wollen wir noch ansprechen: Die Förderung rationaler Sensitivität bedeutet nicht, dass wir aus uns kalte „Kopfmenschen" machen sollen, die keine Gefühle mehr haben. Ganz im Gegenteil! Vernunftorientiertes Denken fördert oftmals die eigene Gefühlswelt. So werden wir kreativer, gehen mehr auf andere Menschen zu, haben Spaß an Leistung und fördern die Entwicklung positiver Gefühle.

- Vernunft dient, Unvernunft sabotiert Lebensgenuss!
- Vernunft verstärkt angemessene und verringert unangemessene Gefühle
- Vernunft verhilft uns zur Fähigkeit, zwischen diesen beiden Gefühlen zu unterscheiden

Wie das geht? Indem wir das ABC der Gefühle lernen, das uns hilft, emotionale Blockaden zu überwinden.

Beginnen wir mit C

Selbstschädigende Consequenzen

C steht für unangemessene oder selbstschädigende Consequenzen (im englischen, Consequence - wir werden im Folgenden das Wort Konsequenzen auch im Deutschen mit C schreiben, um das C der ABC- Theorie zu verdeutlichen).

Nehmen wir an, dass sich in Ihrem Unternehmen einige vielversprechende Aufstiegsmöglichkeiten zeigen, die Sie nutzen wollen. In einem solchen Fall wären Trägheit und inaktives Verhalten, Entscheidungsschwäche, Risikoscheu etc. typische Beispiele für Consequenzen, die Ihr Ziel (beruflicher Aufstieg) sabotieren.

Solche Consequenzen (C's) stehen also Ihrem Karriereziel entgegen und wahrscheinlich beginnen Sie - in dem Moment, in dem Sie es merken - sich für Ihre 'Unfähigkeit' auch noch zu verurteilen bzw. zu verdammen, womit Sie das ursprüngliche Problem natürlich nicht lösen, sondern noch verschlimmern.

Nachdem Sie C identifiziert haben, ermitteln Sie A.

A steht für *Aktivierende Ereignisse* bzw. *Aktivierende Erfahrungen*.

Beispielsweise könnte Ihr Unternehmen einige ernste Rückschläge erlitten haben. Nun zitiert Sie die Firmenleitung zu sich und macht Ihnen die Hölle heiß. Das ist **A**!

Wir kennen jetzt also **A**, das Aktivierende Ereignis, und C, die selbstschädigenden Gefühle oder emotionalen Blockaden in der Folge dieses Ereignisses.

Magisches Denken

Eine typisch menschliche Erscheinung ist unsere Tendenz zu magischem Denken, das – wie der berühmte Entwicklungspsychologe Jean Piaget schon herausfand – bei Kindern als typische kindliche Entwicklungsstufe vorgefunden wird. Es ist aber nicht nur bei Kindern, sondern auch bei Erwachsenen anzutreffen – wie wir gleich sehen werden. Von Piaget stammt folgende Beobachtung kindlichen magischen Denkens: Nachdem ein Kind seine Mutter angeschwindelt hatte, stolperte es über einen Stein und verletzte sich am Knie. Die Ursache für sein Stolpern sah das Kind in seinem vorangegangenen Schwindeln: Es war sozusagen die „gerechte Strafe" für sein Fehlverhalten.

Auf ähnlich magische Weise verbinden wir sehr häufig **A** mit **C** und sagen uns: „Die Firma hat einige ernsthafte Rückschläge erlitten, und die Firmenleitung hat mich deswegen in die Mangel genommen. Deswegen bin ich jetzt ganz 'down' und kann mich zu nichts mehr aufraffen!

Vgl. Abb.**1**

Abb. 1: Der magische Schluss

Humbug!

Wir haben es hier mit einem klassischen Fall von magischem Denken zu tun!

Wahr ist: Es gab einige ernsthafte Rückschläge des Unternehmens. Wahr ist: Die Firmenleitung hat mich in die Mangel genommen. Aber auf welche magische Weise sollen diese Ereignisse in mir Gefühle erzeugt haben? Wenn das so wäre, müsste jeder, dem (am Punkt A) das gleiche passiert, auf die gleiche Art fühlen und reagieren. Und das ist sicher nicht der Fall. Hier ist eine historische Illustration:

„Nicht die Dinge selbst beunruhigen die Menschen, sondern ihre Meinung und Urteile über die Dinge. So ist zum Beispiel der Tod nichts Furchtbares - sonst hätte er auch Sokrates furchtbar erscheinen müssen - sondern nur die Meinung, er sei etwas Furchtbares, das ist das Furchtbare. Wenn wir also in Schwierigkeiten geraten, betrübt oder gekränkt werden, wollen wir die Schuld nie einem anderen, sondern nur uns selbst geben, das heißt unseren Meinungen und Urteilen.

Ein Ungebildeter pflegt seinen Mitmenschen vorzuwerfen, dass es ihm schlecht geht. Ein Anfänger in der philosophischen Bildung macht sich selbst Vorwürfe. Der wirklich Gebildete schiebt die Schuld weder auf einen anderen noch auf sich selbst."

(Auf der Grundlage der Übersetzungen von Rainer Nickel und Kurt Steinmann, vgl. Epiktet, 1991)

Philosophie der Stoa

Dies schrieb der große griechische Philosoph Epiktet (1. Jhd. nach Christus). Er ist der Hauptvertreter der philosophischen Schule der Stoa, der auch in der weiteren, sowohl griechischen als auch römischen Tradition Marc Aurel, Seneca, Zenon u.a.m. anhingen. Die Stoiker waren Philosophen „zum Anfassen". Sie verstanden sich als Ratgeber (Seelenführer) für ihre Mitmenschen und wollten diese aus ihren „Irrungen und Wirrungen" herausführen und ihnen helfen, ihr Glück zu finden, vgl. Infokasten 2 zu Epiktet.

EPIKTET

Info 2

(etwa 50 bis 120 n. Christus)

Epiktet wurde bereits als Kind aus seiner kleinasiatischen Heimat, dem phrygischen Hierapolis, verschleppt und kam als Sklave in das Haus des Epaphroditos, der als treuer Diener des römischen Kaisers Nero Karriere gemacht hatte und steinreich war. Dieser Epaphroditos, der als ziemlich launenhaftiger Patron mit Peitsche und Hauskerker nicht sparte, aber auch gebildet war und großzügig sein konnte, erlag bald dem liebenswürdigen und gütigen Wesen Epiktets. Er ließ ihn frei und finanzierte sogar die Studien Epiktets bei den besten Lehrern Roms, unter anderem bei dem stoischen Philosophen Musonius. Zwei Jahrzehnte lehrte Epiktet dann selbst in Rom, bis Kaiser Domitian alle Philosophen aus Rom verbannte. Epiktet zog nach Nikopolis und leitete dort bis zu seinem Tode eine philosophische Schule. Im übrigen wissen wir nicht viel mehr über Epiktets Leben. Er war mit Kaiser Hadrian persönlich bekannt, der Epiktet wohl auch einmal in Nicopolis besuchte. Dagegen traf er mit Kaiser Marc Aurel, seinem großen Bewunderer und Verehrer, nie zusammen.

Epiktet hat wie sein Vorbild Sokrates selbst keine Schriften veröffentlicht. Die von ihm erhaltenen Bücher basieren auf Aufzeichnungen seines Schülers Arrianus. Wie Sokrates ist auch Epiktet kein aufdringlicher Ratgeber, es geht ihm nicht um zwingende Vorbildhaftigkeit oder ehrfürchtige Nachahmung. Sein Thema sind vielmehr die existentiellen, also lebenspraktischen Fragen - es geht ihm um die „Wege zum Glück"[1].

Beliefs

Es ist also in Wirklichkeit nicht **A** (das Aktivierende Ereignis), welches **C** verursacht (die emotionale Blockade). Zwischen **A** und **C** schiebt sich **B** (für engl. Beliefs), das sind die in unseren Einstellungen, Überzeugungen, Gedanken, Ideen, Haltungen und persönlichen Lebensphilosophien enthaltenen Bewertungen, die wir mit den Aktivierenden Ereignissen oder Aktivierenden Erfahrungen verbinden.

Bewertungen

Lassen Sie uns konkret untersuchen, welche Beliefs möglicherweise in unserem Beispiel am Werk sind:

Rationale Beliefs

Es sind in jedem Fall zwei ganz unterschiedliche Einstellungsmuster vorhanden, nämlich zunächst einmal sogenannte rationale oder vernünftige Überzeugungen. Sie lauten ungefähr so: „Was für ein Pech, dass das Unternehmen in die roten Zahlen gekommen ist! Ich wünschte, meine Abteilung hätte das verhindern können. Wie unangenehm! Und

1 *So der Titel des Epiktet-Bandes aus der „Bibliothek der Antike" und die Überschrift von Kapitel 12 der deutschen Übersetzung des Ellis-Standardwerkes, Ellis (1997)*

jetzt werde ich auch noch alleine verantwortlich gemacht für diese Rückschläge, obwohl das kaum den Tatsachen entsprechen dürfte. Das ist schon sehr frustrierend!"

Entscheidend ist nun, dass wir uns höchstens frustriert, irritiert, traurig oder enttäuscht fühlen werden, solange wir ausschließlich auf diese rationale Art und Weise über ein Aktivierendes Ereignis denken. Rational heißt dabei, dass wir nicht über eine realitätsgerechte Einschätzung der Situation hinausgehen, also zugestehen, dass es nachteilig ist, wenn das Unternehmen Rückschläge erleidet und es unangenehm ist, wenn man dafür verantwortlich gemacht wird - besonders wenn dies möglicherweise zu Unrecht geschieht. Aber solange wir bei einer solchen realistischen Beurteilung bleiben wird uns das Missgeschick nicht aus der Bahn werfen. Ja, wie unangenehm der Vorfall auch sein mag, es wird sogar etwas Positives damit verbunden sein. Können Sie sich vorstellen was das sein könnte?

Zielförderliche und zielsabotierende Gefühle

Nun, Gefühle sind wahrscheinlich die besten Motivatoren, sie motivieren uns, etwas zu tun, zu handeln! So können Gefühle der Irritation und Frustration, der Trauer und Enttäuschung uns anspornen, die zugrundeliegende Situation zu verändern oder für die Zukunft besser zu gestalten. Wir legen uns vielleicht nun besonders ins Zeug, um Rückschläge wieder wett zu machen oder entschließen uns dazu, der Firmenleitung unsere Sicht der Dinge nochmals zu erläutern, damit wir gerechter beurteilt werden etc.

Angemessene Gefühle

Daher nennen wir solche Gefühle angemessen; denn sie entsprechen den vorangegangenen Aktivierenden Ereignissen, wobei sie keineswegs flach, sondern durchaus intensiv und tiefgehend sein können. Und sie motivieren uns zu angemessenen Aktionen, die im Dienste der Erreichung unserer Ziele stehen. Sie sind uns also nützlich und in diesem Sinne positiv, auch wenn sie - wie Trauer, Enttäuschung u.ä. - unangenehme, d.h. negative Gefühle genannt werden.

Empirische Überprüfung

Derart rationale innere Dialoge oder rationale Gedanken über nachteilige Aktivierende Ereignisse zeichnen sich aber nicht nur dadurch aus, dass sie unsere Ziele fördern und uns insoweit nützen, sondern sie sind in der Regel auch empirisch überprüfbar. Empirisch überprüfbar ist eine Behauptung oder Hypothese immer dann, wenn sie durch Fakten an der Realität getestet werden kann: Mit dem Ergebnis, dass wir die Hypothese dann entweder als „richtig", „wahr", den Tatsachen entsprechend ansehen dürfen oder im gegenteiligen Fall ändern sollten, weil sie offensichtlich mit den Fakten nicht in Übereinstimmung zu bringen ist. Fragen wir uns also: „Wieso ist es frustrierend, irritierend, traurig und enttäuschend, wenn das Unternehmen, bei dem ich beschäftigt bin, Rückschläge erlitten hat, und ich dann auch noch möglicherweise zu Unrecht von der Firmenleitung dafür verantwortlich gemacht werde?" Wenn wir nun in die empirische Überprüfung eintreten, so sollten wir einige verifizierbare Gründe für unsere Hypothese (= unseren inneren Dialog) nennen können, etwa folgendermaßen:

1. die Firma kommt in wirtschaftliche Schwierigkeiten, in deren Folge mein Arbeitsplatz gefährdet ist
2. mein Gehalt wird nicht steigen
3. wenn mir ein weiterer Fehler unterläuft, werde ich vielleicht entlassen
4. ich erhalte keine neuen interessanten Aufgaben
5. andere Mitarbeiter werden nicht mehr so gut mit mir kooperieren

Struktur innerer Dialoge

Rationale innere Dialoge über vergangene unschöne, nachteilige Ereignisse haben meistens folgende Struktur:

„Ich hätte gerne die Dinge in der Art X. Jetzt finde ich sie allerdings in der Form Y vor. Na und, ist das wirklich so schlimm?"

Hierin drücken sich Ihre Präferenzen (d.h. Ihre Wünsche oder Abneigungen) aus, die sich leicht bestätigen lassen und ein Nichteintreten dieser Wünsche lässt sich ebenfalls als etwas Unschönes, Frustrierendes ansehen.

Aber wem gelingt es schon, immer so zu denken?

Leider entspricht es anscheinend der menschlichen Natur, dass wir neben den möglichen rationalen Überzeugungen die starke Tendenz zu irrationalen Denkweisen haben, vgl. Info 3.

So könnten Sie sich in Ihrem inneren Selbstgespräch vielleicht Folgendes einreden:

Irrationales Selbstgespräch

„Es ist absolut schrecklich, dass meine Abteilung in diesem Jahr so schlechte Umsätze gemacht hat, und dass ich deswegen vom Vorstand kritisiert worden bin. Ich kann diesen Misserfolg nicht aushalten, ich bin inkompetent und werde es auch in Zukunft nicht besser schaffen und verdiene deswegen auch härtere Ahndungen."

Info 3

Struktur selbstschädigender Denkmuster, die zu hohem Arbeitsstress führen

1. Perfektionistische Denkmuster: „Wichtige Arbeiten muss ich perfekt erledigen. Fehler kann ich nicht akzeptieren."
2. Sucht nach Anerkennung: „Ich bin auf die Anerkennung meiner Kollegen angewiesen. Es ist *schrecklich*, wenn sie schlecht über mich denken."
3. Pauschale Selbstabwertung: „Wenn ich Fehler mache, oder keinen Erfolg habe, bin ich ein Versager." „Wenn jemand schlecht über mich denkt, bin ich ein *hoffnungsloser Fall*."
4. Unzulässige Schuldzuweisung: „Es liegt *immer an mir*, wenn etwas schief läuft."
5. Unzuläßige Verallgemeinerung: „Weil ich einen Misserfolg hatte, werde ich auch in Zukunft nur Misserfolge haben."
6. Unsinnige Prognosen: „ Ich werde *niemals* Erfolg haben." „Es wird nie so laufen, wie ich es gerne hätte."
7. Absolutistische Forderungen: „Die Leute *müssen* mich fair, zuvorkommend und respektvoll behandeln." „Unfairness ist *unerträglich*."
8. Verdammendes Denkmuster: „Leute, die mich unfair behandeln, sind absolute *Schurken* und *verdienen harte Bestrafung*."
9. Katastrophisierendes Denkmuster: „Es ist *schrecklich und katastrophal*, wenn ich keinen Erfolg habe, kritisiert oder unfair behandelt werde, oder die Dinge sonst nicht nach meinen Vorstellungen laufen."
10. Die Ich-kann-es-nicht-aushalten-Krankheit: „Es ist *unerträglich*, nicht zu bekommen, was ich will." „Mein Leben *darf nicht* so hart sein." „Es muss alles leicht gehen." „Die alltäglichen Schwierigkeiten *kann ich nicht durchstehen*." „Anspannungen, Stress und Unbequemlichkeiten kann ich *nicht aushalten*." „ Das Leben *muss* immer spannend, voller Sensationen und ein einziger Spaß sein."

In der Folge eines solchen inneren Dialoges werden Sie sich ängstlich und depressiv machen, statt lediglich besorgt und enttäuscht.

Irrationale Denkmuster sind jedoch nicht nur selbstschädigend, weil sie solch negative Resultate nach sich ziehen, sondern auch unsinnig, da sie ausschließlich magisch sind und keinen Bezug zur Realität haben. Lassen Sie uns das im Einzelnen genauer betrachten:

1. Wie steht es mit der Behauptung, es sei absolut *schrecklich*, dass Ihre Abteilung so schlecht abgeschnitten hat?

Katastrophendenken

Das Wort „schrecklich" hat in diesem Zusammenhang zweierlei Bedeutung, nämlich:

- erstens unangenehm, unvorteilhaft und negativ
- und zweitens mehr als unangenehm

Wenn wir etwas als „schrecklich" bewerten, tun wir dies in der Regel nicht nur im Sinne der ersten, sondern auch der zweiten Bedeutung.

Die erste Aussage ist überprüfbar und kann somit zu den rationalen Überzeugungen (rational Beliefs oder rB's) gezählt werden.

Die zweite Aussage dagegen spiegelt eine magische und undefinierbare, unüberprüfbare Haltung wider. Denn wie kann etwas mehr als negativ, mehr als unangenehm sein? Dieser Glaube bewegt sich im magischen Bereich. Denn wie könnten Sie beweisen, dass ein Ereignis für Sie mehr als außerordentlich unangenehm ist?

Folgende weitere unterschwellige Bedeutung kommt noch hinzu: Weil es sich aus Ihrer Sicht um eine widerwärtige, lästige Situation handelt, in der Sie sich da befinden, fordern Sie in Ihrem inneren Dialog, dass dies so nicht sein dürfte. Jedoch: Einmal angenommen, die Situation wäre wirklich widerwärtig und lästig, warum dürfte oder sollte sie nicht so sein? Gibt es irgendein Gesetz, das verbietet, dass wir unangenehme, lästige Erfahrungen machen?

Natürlich nicht!

2. Wie steht es mit einer Aussage wie „Ich kann diesen Misserfolg *nicht aushalten*"?

Ich-kann-es-nicht-aushalten-Krankheit

Garantiert werden Sie es nie *mögen*, so etwas zu erleben, aber *„nicht aushalten*"? Welch grandiose Übertreibung!

Wäre es wirklich so, dass Sie es nicht aushalten könnten, müssten Sie quasi auf der Stelle umfallen, was sehr unwahrscheinlich ist.

Da wir Menschen zwangsläufig Fehler machen (weil wir Menschen und damit fehlbar sind), können wir es offensichtlich auch ertragen, Fehler zu machen. Also: Zu glauben, man könne es nicht aushalten wenn man einen Fehler gemacht hat, ist eine gedankliche Konstruktion, die mit der Realität nicht allzu viel zu tun hat.

Pauschales Be- und Abwerten

3. „*Ich tauge nichts*, wenn ich derartige Misserfolge produziere. Wahrscheinlich kriege ich es *nie* richtig hin!"

Die in dieser Aussage enthaltene pauschale Bewertung der Person ist ebenfalls irreal und magisch. Zwar können wir menschliche Verhaltensweisen, Leistungen und Eigenschaften bewerten, jedoch niemals einem Menschen insgesamt einen globalen Wert, eine pauschale Note zuordnen.

Dies würde nämlich erstens eine unzulässige zeitliche Festlegung darstellen, nach dem Motto:

„Einmal Versager, immer Versager". Aber Menschen, egal welchen Alters, entwickeln sich ständig weiter.

Zweitens sind wir *Menschen viel zu komplex*, als dass eine einzige Gesamtnote etwas aussagen könnte.

Wie kann dann die Aussage Sinn machen, Sie seien aufgrund einer falschen Handlung wertlos?

Und: Wie falsch Sie auch gehandelt haben - wie könnte dies den Schluss rechtfertigen, dass Sie es in Zukunft nie besser machen werden?

Fazit: Sowohl die Annahme eines Wertes wie auch die Annahme der Wertlosigkeit des Menschen sind hypothetische Konstrukte, die im Grunde ungenau, mystisch und magisch sind und keinen überprüfbaren Bezug zur Realität aufweisen.

Verdammen und Bestrafen

4. Überprüfen wir den Satz „Wenn ich weiterhin so kümmerlich abschneide, verdiene ich Strafe."

Hier meint „Strafe" nicht nur negative Konsequenz, sondern mehr. Natürlich hätte es Nachteile, wenn Sie bei Ihrer Arbeit weiterhin Fehler machten: Sie würden für Ihren Misserfolg kritisiert, andere Mitarbeiter könnten Ihren Tätigkeitsbereich übertragen bekommen, Sie wären finanziell schlechter gestellt usw.

Dämonenanbeter

Aber „*Strafe*" meint negative Konsequenz plus Verdammung: Die Nachteile seien der „verdiente Lohn" für die Fehler! Dahinter steht die Annahme der Existenz „strafender Instanzen" (vielleicht in Form von Göttern oder Dämonen) oder einem entsprechenden Naturgesetz.

Dieser Glaube hat nichts mit der Realität der menschlichen Existenz zu tun, sondern entspricht einem willkürlichen quasireligiösen Denken. Wenn Sie sich in dieser Weise fertig machen, gleichen Sie einem „Dämonenanbeter".

Fazit: Anstatt die Realität anzuerkennen und sich den Unannehmlichkeiten und Schwierigkeiten der Welt zu stellen, verhalten wir uns oftmals unklug und unlogisch und schaffen dadurch erst das wirkliche (emotionale) Problem. Das System des Rationalen Effektivitäts-Trainings (R.E.T.) kann Ihnen einen Weg zeigen, wie Sie die „Geister, die Sie riefen" auch wieder loswerden bzw. durch eine rationale Lebensphilosophie ersetzen können.

Wie geht das?

Disputation

Nachdem Sie Ihr Problem einer ABC-Analyse unterzogen haben, gelangen Sie zum Punkt D (für Disputation oder Disputieren). Disputieren bedeutet Hinterfragen bzw. In-Frage-Stellen. Sie würden also am Punkt D nun Ihre irrationalen Denkmuster hinterfragen, etwa wie folgt:

- „Warum ist es schrecklich (und nicht nur nachteilig), dass meine Abteilung dieses Jahr schlecht abgeschnitten hat und ich deswegen vom Vorstand kritisiert wurde?"
- „Wo ist der Beweis, dass ich diesen Misserfolg nicht aushalten kann?"
- „Wieso bin ich wegen meiner Fehler als Person insgesamt wertlos und inkompetent?"
- „Wieso werde ich auch in Zukunft immer alles falsch machen?"
- „Welcher Gott sagt, dass ich nichts anderes als Strafe verdient hätte?"

Die Antworten zu diesen Disputationsfragen lauten:

Output

- „Es ist keineswegs schrecklich (wenngleich durchaus unangenehm), dass meine Abteilung dieses Jahr so schlecht abgeschnitten hat. Nichts ist katastrophal oder schrecklich, es sei denn, ich definiere es willkürlich so."
- „Natürlich kann ich einen solchen Fehlschlag aushalten. Ich werde es zwar nie mögen, zu versagen oder Fehler zu machen, aber ich bin in der Lage, damit fertig zu werden."
- „Es gibt und es kann keinerlei Beweis dafür geben, dass ich aufgrund meines Verhaltens insgesamt eine wertlose Person bin. Tat-

sächlich gibt es keine wertlosen Menschen. Lediglich das Verhalten von Menschen mag negativ beurteilt werden. Als „wertlos" werden wir höchstens von anderen (oder uns selbst) abgestempelt."

- „Der Umstand, dass ich vielleicht bis heute nichts Richtiges zu Wege gebracht habe, beweist noch lange nicht, dass ich auch in Zukunft dazu nicht in der Lage sein werde. Je mehr ich aus meinen gegenwärtigen Fehlern lerne, mit desto höherer Wahrscheinlichkeit werde ich in Zukunft bessere Leistungen erbringen."
- „Egal, wie schlecht ich weiterhin abschneide, ich werde nie für mein ineffektives Verhalten Strafe verdienen. Denn Strafe meint Verdammung, und niemand hat es verdient, verdammt zu werden, ganz gleich, wie fehlerhaft er sich verhält."

Neue Lebensphilosophie

Aufgrund dieser neuen hilfreichen Lebensphilosophie werden Sie sich am Punkt **E** (= **E**ffekt des Umdenkens) nicht mehr depressiv und wie gelähmt fühlen.

Somit haben Sie nicht länger ein emotionales Problem mit dem, was Ihnen widerfahren ist und sind in der Lage, mit der Situation besser umzugehen. Durch die Aufhebung der emotionalen Blockierung können Sie nunmehr auf Ihre kreativen Kräfte zurückgreifen. Sie könnten sich z.B. verstärkt mit Lösungsmöglichkeiten für Ihre Abteilung befassen oder organisatorische Grundstrukturen verändern. Sie könnten versuchen, Ihre Beziehungen zu verschiedenen Vorgesetzten oder Kollegen (vielleicht zu denjenigen, die Sie am meisten kritisierten) neu zu definieren und zu verbessern.

Wenn Sie den philosophisch untermauerten Überlegungen des R.E.T. folgen und diese in Ihre Lebensphilosophie einbauen, können Sie mit Hilfe des Disputs am Punkt D jedem noch so „üblen" Aktivierenden Ereignis psychisch widerstehen.

Die wissenschaftlichen Grundlagen des R.E.T.

Die wesentlichen wissenschaftlich abgesicherten[2] Grundlagen des R.E.T. sind demnach:

1. Wir selbst sind wesentlich verantwortlich für unsere Gefühle am Punkt **C**.
2. Egal, welchen unangenehmen Ereignissen wir uns am Punkt A gegenübersehen: Es sind nicht diese Aktivierenden Ereignisse, die unsere problematischen negativen Gefühle erzeugen, sondern unsere Gedanken (= Bewertungen) über diese Ereignisse.

[2] *vgl. Meyer, Richter, Grawe, v.d. Schulenburg & Schulte, Aus dem Forschungsgutachten zu Fragen eines Psychotherapeutengesetztes, veröffentlicht 1991 im Auftrag des Bundesministeriums für Jugend, Familie und Gesundheit; auch Grawe, Donati, Berbauer (1995)*

3. Immer wenn wir uns sehr schlecht fühlen (z.B. unter Ängsten, Depressionen oder feindseligen Gefühlen leiden), sind neben rationalen vor allem auch besonders irrationale Denkmuster beteiligt.
4. Rationale Denkmuster haben gewöhnlich folgende Form: „Ich mag das nicht! Ist es nicht schade, dass es so ist? Ich wünschte mir, ich könnte es verändern. (Präferenzielles Denken[3])"

Präferenzielles Denken[3]

5. Irrationale Denkmuster sind dagegen: „Wie schrecklich, dass es so ist! Ich kann es nicht aushalten! Es sollte so etwas nicht geben!" (Dogmatisches, forderndes Denken)
6. Durch konsequentes und hartnäckiges Disputieren dieser selbstschädigenden Denkmuster ist es möglich, unsere emotionalen Probleme zu überwinden.
7. Wenn wir die Technik des Disputierens oft und lange genug anwenden – immer dann, wenn wir uns schlecht fühlen – entwickeln wir schließlich eine gänzlich andere, nicht absolutistische Lebensphilosophie, die als beste Prophylaxe emotionaler Probleme angesehen werden kann.

Magische Denkmuster

Man kann demnach sagen, der Kernpunkt aller emotionalen Probleme liegt in trotzig fordernden, kleinkindhaften, magischen Denkmustern. Wir Menschen scheinen aufgrund biologischer Disposition, aber auch ungünstiger Verstärkung durch die Umwelt (Erziehung, Werbung etc.) eine starke Tendenz zu entwickeln, blind und ergeben zu glauben, dass wir unbedingt brauchen, was wir wollen, und dass wir haben müssten, was wir uns wünschen, und es schrecklich sei, wenn das nicht der Fall ist. Die unheilige Trias der absolutistischen Lebensphilosophie sieht folgendermaßen aus:

Absolutistische Lebensphilosophie

- Ich muss perfekt sein
- Die anderen müssen mich fair und zuvorkommend behandeln
- Die Welt muss ein außerordentlich angenehmer Platz zum Leben sein

Perfektionismus

Und dies sind die schädlichen Konsequenzen dieser Einstellung:

1. Wenn Sie von sich Perfektion fordern, werden Sie sich häufig ängstlich, depressiv und schuldig fühlen und erdrückt werden von Selbstzweifeln.
2. Wenn Sie fordern, dass andere perfekt sein sollten, werden Sie sich oft ärgerlich und feindselig machen und aggressive Verhaltensweisen entwickeln.

[3] *Präferenzielles Denken = Denken in Begriffen des Wünschens oder der Abneigung (von: Präferenz = Bevorzugung)*

3. Wenn Sie von der Welt fordern, dass diese ein netter, angenehmer Ort sein müsste, werden Sie bald resignieren, in Selbstmitleid ertrinken oder gegen alles und alle rebellieren.

Rationales Effektivitäts-Training macht uns unsere kindischen, magischen, absolutistischen und maßlosen Forderungen bewusst. Wir lernen zu akzeptieren - nicht zu mögen - was immer das Schicksal uns beschert und werden in die Lage versetzt, ruhig und entschlossen Verbesserungen anzustreben.

R.E.T. zeigt auf, wie wir nach den Grundsätzen der Empirie und des Pragmatismus leben, dabei aber gleichzeitig an unseren Zielen, Werten und Idealen festhalten können.

Dagegen:

Ein Mensch, der sich auf die oben beschriebene Art emotionale Blockaden schafft, ist von der unsinnigen Überzeugung beseelt,

- dass er und andere wertlos sind, wenn sie sich nicht gemäß seiner absolutistischen Forderungen verhalten,
- dass die Dinge so sein müssten, wie er sie gerne hätte,
- und dass es schrecklich sei, dass es keine perfekte Ordnung und Sicherheit auf der Welt gibt.

Humanistische Orientierung

Bei all jener vernunftgeprägten Haltung ist die Philosophie des R.E.T. dennoch ausgesprochen humanistisch orientiert:

Denn sie beginnt und endet beim Menschen. Es werden keine Götter oder Teufel und andere „dunkle Mächte" angenommen - ebenso wenig wie „Supermenschen" oder „Untermenschen". Ausgangspunkt ist die Ansicht, dass wir zwar einerseits nicht der „Nabel der Welt" sind und alles unter Kontrolle haben müssen. Aber andererseits sind wir das Zentrum unserer eigenen Existenz, leben in erster Linie für uns selbst (nicht für eine anonyme Gemeinschaft oder eine fundamentalistische Idee etc.) und haben die Fähigkeiten und die Kraft, unser eigenes Leben zu gestalten und somit für unsere Zufriedenheit zu sorgen. Das Universum, die Welt kümmern sich so gesehen nicht im geringsten um uns und werden es voraussichtlich nie tun. Aus dieser Perspektive betrachtet ist die Welt sehr unparteiisch und objektiv – nicht gegen und nicht für uns.

Versuchen Sie, sich an drei Situationen am Arbeitsplatz zu erinnern (am besten nehmen Sie Ereignisse aus der letzten Zeit), bei denen Sie am Punkt **C** - also als Consequenz - Gefühle von Ärger, Niedergeschlagenheit, Feindseligkeit, Angst oder Verbitterung hatten.

Übung 1

Danach versuchen Sie mit einer ABC-Analyse die Situationen aufzuschlüsseln:

(Falls der vorgesehene Platz nicht reichen sollte, benutzen Sie ein zusätzliches Blatt)

A Aktivierendes Ereignis

Skizzieren Sie die Situation kurz:

____

____

____

____

____

B Ihre Gedanken - Ihr inneres Selbstgespräch

Rufen Sie sich ins Gedächtnis, was Sie über die Situation bzw. in der Situation dachten. Was ging Ihnen durch den Kopf? Welche Erwartungen, welche Bewertungen hatten Sie?

____

____

____

____

C Consequenzen

Wie fühlten Sie sich als Ergebnis Ihres inneren Selbstgespräches? Zählen Sie alle Gefühle auf, an die Sie sich erinnern können.

____

____

____

____

Was haben Sie getan (oder vermieden) als Folge Ihrer Gefühle?

____

____

____

Können Sie sich an irgendwelche körperlichen Anzeichen von Stress erinnern, die Sie in der Situation verspürten? Schreiben Sie diese auf.

____

____

____

2 Konzentration auf die Sache

Das wichtigste Element von Führungskompetenz ist vermutlich die Fähigkeit zur Konzentration.

Amerikanische Psychologen führten vor einigen Jahren eine bemerkenswerte Studie an hervorragenden Wissenschaftlern durch, um genau zu untersuchen, warum sie Koryphäen auf ihrem Gebiet waren, während viele andere ebenso brillante und gut ausgebildete Köpfe weniger erfolgreich waren. Sie stellten fest, dass fast allen eine wesentliche Eigenschaft eigen war: Sie hatten auf eine natürliche Weise mehr Freude an ihrer Arbeit als an anderen Dingen.

Deshalb konzentrierten sie sich am meisten auf ihre Arbeit und viel weniger auf andere Lebensaspekte, für die ein durchschnittlicher Forscher viel Zeit und Energie aufbringt.

Ein ähnliches Ergebnis wurde bei Untersuchungen an Führungskräften gefunden. Ein effektiver Manager schafft es, sich die meiste Zeit sehr gut auf seine Arbeit zu konzentrieren. Auch beim Auftreten von besonderen Problemen oder Schwierigkeiten bündelt er seine Konzentration auf deren komplexe Aspekte. Und zwar in einer Haltung, die man mit „Nur-Nicht-Nachgeben" kennzeichnen könnte.

Zielbestimmung

Es beginnt schon bei der ersten Zielbestimmung: Haben Sie sich wirklich dafür entschieden, ein Topmanager zu werden? Nun, um hierin erfolgreich zu werden, sollten Sie *sehr entschieden* sein!

Wem zum Beispiel gilt Ihre hauptsächliche Loyalität? Der Firma? Ihren Vorgesetzten? Ihren Kollegen? Keineswegs! Die Antwort lautet: Ihnen selbst! Sie haben sich die Arbeitsstelle gesucht und sich vorgenommen, dabei zu bleiben, weil Sie sich vorstellten, dass Sie dort irgendwie, vielleicht sogar ziemlich schnell weiterkommen werden. Wenn Sie aber feststellen müssen, dass dies nicht läuft, gehen Sie um Himmels Willen weg. Suchen Sie sich eine Firma, die Ihren Vorstellungen entspricht. Lassen Sie sich weder aus Sentimentalität, Gewohnheit noch wegen der Schwierigkeiten einer Veränderung davon abhalten.

Ähnlich verhält es sich mit Aufstieg, Übernahme neuer Verantwortung, Umgang mit Kollegen oder einer notwendigen Abgrenzung von bestimmten Mitarbeitern. Was wollen Sie erreichen? Wie können Sie dieses Ziel erreichen? Wohin wollen Sie in einer bestimmten Zeit oder schlussendlich gelangen?

Sicherlich können Sie andere Ziele haben wie z.B. echte freundschaftliche Beziehungen zu einigen Ihrer Mitarbeiter entwickeln, oder Ihre Organisation zur führenden ihrer Art zu machen, oder den Einfluss und die Power Ihrer Firma dazu nutzen, die Wirtschaft Ihres Landes zu unterstützen etc. Aber täuschen wir uns nicht: Das sind Ihre Ziele und Ideale. Sie verfolgen diese Ziele grundsätzlich deshalb, weil Sie es so wollen. Und je erfolgreicher Sie als Manager werden, um so näher kommen sie Ihren Zielen. Auf diese Weise sind Interesse am Betrieb und freundschaftlicher Umgang im Betrieb gut und lohnenswert. Stellen sie aber wirklich Ihr Hauptinteresse dar?

Zeitmanagement

Sobald Sie sich dafür entschieden haben, Ihre persönlichen Absichten durch den Verbleib und die Arbeit in einer bestimmten Organisation zu verwirklichen, sollten Sie sich wirklich darauf konzentrieren, wie Sie Ihre Arbeit mit maximaler Effizienz in der kürzesten Zeit schaffen können. Denn gleichgültig, ob Sie in der Industrie, in der Regierung oder in einer gemeinnützigen Organisation, im Handwerk oder in einem Dienstleistungsbereich tätig sind, überall ist menschliche Arbeitskraft in den Industriestaaten teuer. Was können Sie tun, um Ihre eigene Zeit und die Ihrer Mitarbeiter effektiv zu nutzen, um die Kosten Ihrer Firma zu reduzieren und um den Betrieb zu gewährleisten trotz all der zahllosen Schwierigkeiten, die sich gewöhnlich in den Weg stellen?

Hierzu einige allgemeine Regeln:

Plaudern oder Arbeiten?

Achten Sie auf den sozialen Umgang, den Sie und andere im Büro pflegen. Die Zeit, die ursprünglich gut geplant war, kann leicht bei einem munteren Geplauder vertan werden. Festigen Sie wirklich Ihr gutes Verhältnis zu Ihrem Vorgesetzten, wenn Sie ihn für eine halbe Stunde in seinem Büro besuchen und mit ihm über Ihr Golfspiel diskutieren? Lassen Sie sich - und ihm - nicht unnötig freien Lauf, sodass Sie beide an diesem Tag länger im Dienst bleiben oder auf manche kreativen Aufgaben verzichten müssen?

Überflüssige Arbeiten

Was ist mit den besonderen Berichten, die Sie von Ihren nachgeordneten Mitarbeitern verlangen? Sind sie wirklich erwünscht oder erforderlich? Was ist mit den Meetings und Konferenzen, die Sie ständig einberufen oder an denen Sie gedankenlos teilnehmen? Unterstützen oder verhindern sie den organisatorischen Fortschritt?

Ja, es kann faszinierend für Sie sein, neue Projekte anzupacken. Aber sind Sie - realistisch betrachtet - wirklich nötig?

Einige von diesen Dingen haben Sie vielleicht bisher nicht richtig erkannt. Aber jetzt, nachdem Sie Ihre Aufmerksamkeit darauf lenken, werden Sie sie sehen und darauf achten. Andere Dinge haben Sie dagegen schon eine ganze Weile erkannt - jedoch Sie sind immer noch weit davon entfernt, die Erkenntnis umzusetzen. Was hält Sie davon ab, sich effektiv darauf zu konzentrieren? Die Antwort lautet: Sie selbst halten sich davon ab. Am Punkt **A** wissen Sie sehr genau, was zu tun ist. Am Punkt **C** aber tun Sie es nicht. Was ist mit **B**?

Geringe Frustrationstoleranz

Vermutlich leiden Sie unter den leidigen Hauptproblemen: unter einer geringen Frustrationstoleranz oder unter kurzsichtigem Hedonismus[4]. Sie wissen sicher, dass es sinnvoll ist, Kleinigkeiten zu vermeiden, sich zunächst auf die wichtigen Dingen zu konzentrieren, die sozialen Kontakte mit Ihrem Vorgesetzten oder auch mit den Mitarbeitern nicht ausufern zu lassen. Wissen ist aber nicht dasselbe wie Handeln. Statt am Punkt B bei Ihren rationalen Überzeugungen zu bleiben, schwenken Sie über zu irrationalen Überzeugungen wie z.B.: „Ich weiß, es ist richtig, Kleinigkeiten zu vermeiden und sich auf wichtigere Themen zu konzentrieren. Aber es ist so schön einfach, es anders zu machen! Und es ist so schwer, es zu lassen! Genau, es ist zu schwer. Ich bin dafür einfach nicht geschaffen. Ich kann mich einfach nicht ständig daran erinnern, dass ich meine Golfdiskussionen mit meinem Chef besser auf einige Minuten beschränken sollte. Das würde nicht zu mir passen. Ich muss „ich selbst" und in diesen Situationen spontan bleiben dürfen; anders ist das Leben kaum lebenswert, und wofür arbeite ich denn überhaupt? Verdammt noch mal, warum sollte ich so übergenau mit meiner Zeitplanung umgehen müssen?"

Diese Gedanken sind vor allem deshalb selbstschädigend, weil sie mit dem von Ihnen gewählten Ziel nicht übereinstimmen. Schließlich wird niemand gezwungen, eine Führungsposition anzunehmen; und niemand beharrt darauf, dass Sie es bis zur Spitze der Hierarchie bringen. Sogar Ihre Frau, Ihre Familie, Ihre Freunde und Ihre verehrten Eltern haben Sie nicht bestürmt, Millionär oder Bundeskanzler zu werden, denn sie alle können keinen Zwang auf Sie ausüben, ihre Ziele anzustreben. Nur Sie können entscheiden, wohin Sie in Ihrem Leben gelangen wollen. Sobald Sie sich aber entschieden haben und schließlich an Ihrem Ziel in einer Organisation angekommen sind, sollten Sie besser die Sachzwänge Ihrer eigenen Entscheidung einkalkulieren. Was hat dies nun mit Konzentrationsfähigkeit zu tun?

[4] *Hedonismus: philosophische Lehre, nach der das Wohlbefinden (der „Genuss") das Ziel und der Antrieb menschlichen Handelns sind, vgl. „carpe diem", „Pflücke den Tag"*

Störfaktoren ausschalten

Wenden wir uns wieder dem ABC-Modell zu. Nachdem Sie Ihre Gedanken – am Punkt **B** – analysiert haben, geht es weiter mit Punkt **D**, der Disputation der zugrundeliegenden geringen Frustrationstoleranz und des kurzsichtigen Hedonismus. Um diese beiden Störfaktoren für Ihr Konzentrationsvermögen zu disputieren, könnten Sie sich Folgendes sagen:

„Natürlich ist es leicht, mich um Kleinkram zu kümmern und dadurch Zeit und Energie zu verbrauchen, die ich eher dazu verwenden könnte, mich auf wichtigere organisatorische und persönliche Ziele zu konzentrieren. Sicherlich ist es schwer, damit aufzuhören. Aber warum ist es *zu schwer*? Wenn es wirklich zu *schwierig* für mich wäre, sollte ich besser meine Führungsposition abgeben oder zumindest damit zufrieden sein, wo ich jetzt stehe und meine Grenzen akzeptieren. Wenn ich es nämlich absolut nicht besser machen kann, dann kann ich es eben nicht. Der Versuch, es zu verbessern, lohnt allerdings immer. Aber ist es wirklich *zu schwer* und nicht nur einfach *schwer*?“

Weiter: „Warum kann ich mich einfach nicht ständig daran erinnern, dass ich meine Golfdiskussionen mit meinem Chef besser auf einige Minuten beschränken sollte? Ich weiß jetzt, dass ich es bisher nicht gemacht und nicht gewollt habe. Heißt das aber, dass ich es nicht kann?“

Was nun den Gedanken anbetrifft, dass ich nur „ich selbst" sein könnte, wenn ich mit anderen plaudere statt mich auf die wichtigeren Arbeitsaspekte zu konzentrieren, was für ein Quatsch! Bin ich es, der morgens aufsteht, um zur Arbeit zu gehen, auch dann, wenn ich lieber noch ein paar Stunden schlafen könnte? Bin ich es, der sich drückt, seiner Frau zu sagen, dass ich ihr neues Kleid, das sie so sehr liebt, grauenvoll finde, obwohl das wirklich meine Meinung ist? Natürlich bin ich das! Ich bin es, der bereits jetzt lauter unerfreuliche Dinge tut, um noch unerfreulichere Komplikationen zu vermeiden oder um zukünftig mehr Vergnügen zu haben. Warum versuche ich mich so idiotisch davon zu überzeugen, dass eine zeitliche Beschränkung meiner Golfgespräche mit meinem Chef partout nicht zu mir passt? Würde ich dadurch zu jemand anderem?

Muss ich wirklich jederzeit „ich selbst" und in diesen Situationen „spontan" sein, wie z.B. bei solch langen Golfgesprächen mit meinem Vorgesetzten, nur weil ich das oft gerne mache? Würde mein gesamtes Leben wirklich kaum noch lebenswert sein, wenn ich ein paar leicht realisierbare Vergnügungen aufgebe - und stattdessen versuchte, Nützlicheres zustande zu bringen? Wäre ich damit auf lange Sicht nicht tatsächlich erfolgreicher?

Natürlich muss ich meine Zeitplanung im Büro nicht so genau nehmen, sondern ich könnte weiterhin nachlässig damit umgehen. Ist aber eine durchdachtere Zeiteinteilung nicht die Sache wert? Und bringt mir mein bisheriges Vorgehen wirklich so viel Genuss wie ich es erwarte? Was ist in Wahrheit vorteilhafter für mich?"

Trügerische Integrität

Verbunden mit der schädlichen Haltung, sich bei der Arbeit nicht auf die vorrangigen Dinge zu konzentrieren, ist das Konzept der Aufrechterhaltung trügerischer Integrität.

Sie werden nämlich sicherlich zustimmen, dass es weise und gesund ist, sich zu fragen, was Sie im Leben wirklich von Ihren täglichen Anstrengungen erwarten, und ob es sich lohnt, mit Ihren Mitarbeitern diplomatisch umzugehen, wenn es gilt, gewisse Vorteile abzusichern (wie z.B. beruflichen Erfolg). Wenn Sie diese Fragen aber zu weit treiben, können Sie zu dem Schluss kommen, dass es falsch ist, etwas zu tun, was Sie spontan nicht tun wollen, und dass Sie damit Ihre Seele verkauften. Sie könnten also schlussfolgern, dass es zur Aufrechterhaltung Ihrer Integrität und Ihrer Authentizität notwendig ist, lange Golfdiskussionen mit Ihrem Vorgesetzten zu führen.

Diese sogenannte Integrität, an der Sie festhalten, ist deshalb ein Irrtum, weil Sie sich dabei oft ins eigene Fleisch schneiden. Denn: Obwohl Sie und Ihr Chef große Freude am Fachsimpeln über Golf haben, und obwohl Sie lieber Golf spielen oder lieber darüber, als über Geschäftsangelegenheiten sprechen, wollen Sie außerdem Ihre Karriere voranbringen, mehr Geld verdienen, Ihre Firma weiter aufbauen, bei den Vorgesetzten Ihres Chefs Anerkennung finden und noch viele andere Dinge tun.

Wahrhafte Integrität könnten Sie sich und Ihrem Chef gegenüber beweisen, wenn Sie Ihre selbstschädigenden Überzeugungen folgendermaßen disputieren:

„Es wäre schön, wenn ich täglich mindestens eine halbe Stunde mit meinem Boss über Golf diskutieren könnte. Wir beide sind leidenschaftliche Golfer und hiervon lassen wir uns oft leichter begeistern als von rein dienstlichen Gesprächen. Ich jedoch (vermutlich auch er) trage nur ungern die negativen Konsequenzen solcher Gespräche - nämlich, dass der Tag vorbei ist, bevor wir es mitbekommen, und viele andere wichtige Angelegenheiten nicht erledigt wurden. Um mir selbst treu zu bleiben, genügt es, wenn ich gelegentlich mit ihm über Golf rede. Ich werde aber meine anderen, meist wichtigeren Ziele ebenfalls im Auge behalten: Nämlich effektiv zu arbeiten und meinen Mitarbeitern ebenso wie meinem Vorgesetzten zu zeigen, dass ich den Aufgaben meiner

Position gewachsen bin. Meine Integrität verlangt danach, dass ich mich um die von mir gesetzten Prioritäten kümmere."

Im Ergebnis könnte Ihre neue Lebens- und Arbeitsphilosophie wie folgt lauten: „Ein effektiver Manager zu sein ist also oft schwer. Es bedeutet, dass ich einige Opfer bringen muss und nicht immer unmittelbare Belohnung erwarten kann. Warum darf das nicht so sein? Niemand hat mir einen Rosengarten versprochen! No pain - no gain."

3 Enscheidungsfähigkeit verbessern

Was kennzeichnet Führungsfähigkeit?

Die gute Führungskraft erarbeitet

- eine adäquate Lösung für ein Problem und setzt
- die notwendigen Schritte entschieden in die Tat um.

Zwar berät sie sich mit anderen und zieht unter Umständen sogar externe Sachverständige hinzu, sie übernimmt aber die volle Verantwortung für ihr Verhalten. Sie jammert und beklagt sich nicht, wenn sich ihr Verhalten als falsch herausstellt. Sie ist hart, ohne notwendigerweise grob zu sein. Sie zögert nicht, sich – unabhängig von persönlicher Zuneigung – von ineffektiven Mitarbeitern zu trennen. Sie widerspricht Vorgesetzten, wenn sie eine fundierte andere Meinung hat. Sie nutzt entschlossen ihre Autorität, egal wie unpopulär sie zeitweise deshalb sein mag. Sie weigert sich, sich von Speichelleckern beeinflussen zu lassen, unabhängig von deren Charme oder Unterstützung. Obwohl sie flexibel genug ist, um ihre Sichtweise zu ändern, wenn neue Fakten oder Bedingungen dies erfordern, steht sie auch in stürmischen Zeiten zu ihren Überzeugungen.

Problem: Unentschlossenheit

Unentschiedenheit ist praktisch immer verbunden mit dem starken Bedürfnis nach Anerkennung. Lassen Sie uns das Beispiel von Bill Miller, dem Verkaufsmanager eines großen amerikanischen Textilunternehmens, betrachten. Bill war 35 Jahre alt und hatte sich vom Verkäufer zum Verkaufsmanager hochgearbeitet. Er war so überzeugend, dass er der Atheisten-Vereinigung eine Kiste voll Bibeln verkauft hätte. Er leitete eine sehr erfolgreiche Abteilung mit dreißig Mitarbeitern. Dennoch konnte sich Bill nie zu der Entscheidung durchringen, einen pflichtvergessenen Mitarbeiter zu entlassen[5], weil er sich sagte: „Ich kann es nicht ertragen, daran zu denken, wie hart es für seine Frau und seine Familie sein wird. Ich weiß, dass er sich nicht daran hält, mir jeden Montag einen Bericht abzuliefern, obwohl ich ihn bereits mehrmals ausdrücklich darum gebeten habe. Aber er ist wirklich kein schlechter Kerl und ich kann ihm einfach nicht weh tun."

[5] *In amerikanischen Unternehmen ist das „hire and fire" Prinzip traditionell wesentlich verbreiteter als in Deutschland. Im Zuge von Globalisierung, Firmenfusion und Internethandel zeigen sich allerdings auch in Europa zunehmend Veränderungen in Richtung eines mobileren Arbeitsumfeldes. Auch wenn sich in einem hiesigen Unternehmen die Frage nach einer Entlassung zur Zeit weniger häufig stellt als in den USA, gibt es natürlich auch hier die verschiedensten Formen, in Ungnade gefallene Mitarbeiter „kaltzustellen".*

Das ABC der Unentschlossenheit

Lassen Sie uns Bills Situation mit Hilfe des ABC-Modells des Rationalen Effektivitäts-Trainings näher betrachten. Am Punkt **C**, der emotionalen Konsequenz, ist Bills Problem wahrscheinlich Unentschlossenheit oder ein Gefühl der Schwäche. Das **A**ktivierende Ereignis **A** besteht darin, dass er Woche für Woche von dem Mitarbeiter an der Nase herum geführt wird, indem dieser sich weigert, die geforderten Berichte abzugeben. Am Punkt **B** hat Bill zunächst eine eindeutig rationale **B**ewertung: „Wäre es nicht unerfreulich, wenn ich diesen Mann entlassen müsste? Seine Frau und seine Familie würden auch darunter zu leiden haben und ich möchte nicht, dass sie für seine Versäumnisse büßen müssen. Und noch schlimmer, er wird mich wahrscheinlich ziemlich hassen, wenn ich ihn entlasse, vor allem, wenn es nur wegen der Berichte ist, während er sich als Verkäufer gar nicht so schlecht macht. Ich möchte nicht, dass er mich hasst." Wenn Bill entschieden bei dieser Bewertung bleiben und sich weigern würde, weiter zu gehen, dann würde er bei Punkt C Bedauern für das Leiden der Familie des Verkäufers fühlen. Er wäre frustriert darüber, von dem Verkäufer enttäuscht zu werden und der Gedanke, im Falle einer Entlassung des Mannes gehasst zu werden, würde ihm missfallen. Diese Emotionen wären alle sehr angemessen in Bezug auf das unerfreuliche Aktivierende Ereignis, das sich in Bills Leben ereignet hat. Er hätte eine unangenehme Situation zu bewältigen, aber wohl kaum ein emotionales Problem.

Rationale Bewertung

Irrationale Bewertung

Aber Bills Gedankengänge enden nicht mit dieser rationalen Bewertung. Er schließt ungünstigerweise eine höchst irrationale Bewertung an: „Wie furchtbar, dass ich mich entscheiden muss, ob ich den Verkäufer rausschmeißen soll oder nicht. Ich kann den Gedanken nicht ertragen, dass er mich hassen würde. Und angenommen, seine Frau und seine Kinder würden leiden und die Leute würden herausfinden, dass ich daran Schuld bin. Wie schrecklich, wenn sie schlecht von mir denken würden! Andererseits, wenn ich ihn in der Abteilung behalte und es nicht schaffe ihn dahin zu bringen, dass er die Berichte abliefert, dann würde das meine Autorität untergraben und mich wie einen Idioten aussehen lassen. Und wie könnte ich damit leben? Oh, in was für einem schrecklichen Dilemma ich mich da befinde. Wie soll ich da nur jemals rauskommen?"

Hass und Selbsthass

Wegen dieser höchst irrationalen Denkmuster ist Bill blockiert. Er schafft es, an einem Tag die Entlassungspapiere zu schreiben – und zerreißt sie dann wieder ängstlich. Dann hasst er sich selbst dafür, dass er sie zerrissen hat. Schließlich hasst er den Verkäufer dafür, dass er ihn dazu bringt, sich deswegen selbst zu hassen.

Das führt dazu, dass Bill neben seiner ursprünglichen Unentschlossenheit nun noch weitere unnötige emotionale Symptome hat: Hass auf sich selbst und Hass auf den Verkäufer. Sein Selbsthass wird erzeugt durch ein weiteres Bündel irrationaler Gedanken: „Ist es nicht furchtbar, dass ich so schwanke. Was bin ich nur für ein Dummkopf! Ich sollte mich endlich entscheiden und dann standhaft dabei bleiben. Ich bin ein totaler Idiot, weil mir das nicht gelingt!" Sein Hass auf den Verkäufer wird von einem dritten Bündel irrationaler Bewertungen erzeugt: „Wie kann der lausige Mistkerl mich nur so behandeln! Und das nach allem, was ich für ihn getan habe. Er sollte sich nicht so verhalten und den Anstand besitzen, diese verdammten Berichte entweder abzugeben oder sein Versäumnis zuzugeben und endlich zu kündigen!"

Unentschlossenheit überwinden

Wie könnte Bill seine Unentschlossenheit, seinen Selbsthass und seine Feindseligkeit gegen den Verkäufer ablegen? Indem er mit Punkt **D** fortfährt und seine irrationalen Bewertungen nachdrücklich disputiert. Dazu muss er seine Bewertungen in Frage stellen. Das Hinterfragen seiner ansonsten wie automatisch ablaufenden Gedanken hilft ihm, zu neuen, hilfreicheren Bewertungen zu gelangen. Die folgenden Fragen und Antworten sollen diesen Prozess illustrieren.

• Frage: „Warum ist es furchtbar, dass ich mich entscheiden muss, ob ich den Verkäufer entlasse oder nicht?"

„Nicht furchtbar, sondern nur lästig"

• Antwort: „Es ist nicht furchtbar, sondern nur lästig. Entscheidungen sind ein Teil der Managementaufgaben, und solange ich ein Verkaufsmanager bin, muss ich entscheiden, ob es sich lohnt einen Verkäufer zu behalten, der sich weigert, den von mir aufgestellten Regeln zur Berichtslegung zu folgen."

• Frage: „Warum kann ich es nicht ertragen, dass er mich hasst, falls ich ihn entlasse?"

„Ich ertrage, was ich nicht mag"

• Antwort: „Selbstverständlich kann ich! Ich mag es natürlich nicht, wenn er oder irgendein anderer Verkäufer oder überhaupt irgendjemand mich hasst – insbesondere, wenn ich nichts Tadelnswertes gemacht habe. Es wäre unfair, wenn er mich hasst, nachdem er sich mit seinem Verhalten die Konsequenzen selbst zuzuschreiben hat. Okay, es wäre unfair! Wer sagt, dass mich alle immer absolut fair behandeln müssen?"

• Frage: „Inwiefern wäre es schrecklich, wenn seine Frau und seine Kinder leiden, wenn die Leute herausfinden, dass sie leiden, weil ich ihn entlassen habe und wenn sie schlecht von mir denken?"

„Traurig, aber nicht schrecklich"

• Antwort: „Überhaupt nicht. Es wäre sehr traurig, wenn ich ihn entlassen müsste und seine Frau und seine Kinder deswegen leiden würden, aber er ist für ihre Traurigkeit verantwortlich, nicht ich. Und was ist mit dem Bedauern meiner Frau, meiner Kinder und meiner Teilhaber, die leiden, weil er seine Arbeit nicht macht und uns dadurch weniger effektiv sein und vermutlich weniger Geld verdienen lässt, als wir es sonst könnten? Was ist mit den Unannehmlichkeiten, die er direkt und indirekt mir und meiner Familie bereitet. Zählen diese Schmerzen nicht auch? Ich werde es sicher nicht mögen, wenn die Leute herausfinden, dass ich ihn entlassen habe und mich verabscheuen, weil ich seine Angehörigen scheinbar leiden lasse. Aber was werden sie tatsächlich tun, wenn sie mich nicht mögen - mein Haus niederbrennen, mir eine Kugel verpassen? Ein Verkaufsmanager wird immer aus dem ein oder anderen Grund von manchen Leuten nicht gemocht. Pech gehabt!"

• Frage: „Angenommen, ich vermeide es weiterhin, diese Angelegenheit zu lösen und schaffe es nicht, ihn dazu zu bringen, diese Berichte abzuliefern, wieso wäre ich dann ein Idiot?"

„Niemals ein Idiot"

• Antwort: „Es gibt keinen Beweis dafür, dass ich zum Idioten würde. Zwar wäre es möglich, dass Vorgesetzte oder Untergebene, die bemerken, dass ich ihn damit durchkommen lasse, die Berichte nicht abzugeben, mich für einen Schwächling halten könnten. Aber würde es mich zu einem Schwächling oder Idioten machen, wenn andere mich dafür hielten? Es wäre bedauerlich und ich würde es sicherlich nicht mögen, dass sie mich in dieser Weise sehen, aber ich bin nicht mein Verhalten. Selbst wenn ich mich manchmal idiotisch verhalten sollte, bin ich kein kompletter Idiot. Nur der ist ein Idiot, der sich dafür hält."

• Frage: „Was lässt mich denken, dass das Dilemma, in dem ich mich befinde, so schrecklich ist?"

„Ich darf in Schwierigkeiten kommen"

• Antwort: „Stimmt, es gibt keine perfekte Lösung. Wenn ich den Verkäufer behalte, verhalte ich mich schwach und muss eine Reihe von unangenehmen Konsequenzen dafür in Kauf nehmen. Wenn ich ihn entlasse, verhalte ich mich stark, was aber auch unangenehme Konsequenzen hat. Was immer ich auch tue bringt mich bis zu einem gewissen Grad in Schwierigkeiten. Gut, also ich bekomme Schwierigkeiten. Wer sagt, dass Menschen, also auch ich, nicht in Schwierigkeiten kommen dürfen? Nun, wann werde ich damit aufhören, mir einen solchen Unsinn einzureden? Am besten sofort."

Bill kann also aktiv gegen seine Unentschlossenheit über die Entlassung des Verkäufers angehen. Gleichzeitig kann er daran arbeiten, seinen Ärger auf sich und auf den Mann, der das Dilemma mit verursacht hat, aufzugeben. Wie? Indem er auch die diesbezüglichen irrationalen Gedanken disputiert (**D**).

- **Frage: „Wieso ist es eine Katastrophe, wenn ich so schwanke?"**

- Antwort: „Es ist keine Katastrophe. Es ist ein verdammter Unsinn, so unentschlossen zu sein und nicht zu einer eindeutigen Entscheidung zu gelangen. Aber das ist alles was es sein kann: verdammter Unsinn. Es ist niemals mehr als Unsinn und es gibt keinen Grund in der Welt warum ich mich nicht in dieser Weise selbst plagen sollte. Wenn ich es tue, tue ich es! Nun, wie kann ich damit aufhören, mich selbst zu quälen."

- **Frage: „Wo ist der Beweis, dass ich ein Dummkopf oder ein Idiot bin, weil ich mich nicht entscheiden und zu meiner Entscheidung stehen kann? Warum muss ich mich so verhalten?"**

- Antwort: „Es gibt einige Hinweise darauf, dass ich mich in dieser Hinsicht dumm oder idiotisch verhalte, aber das macht mich als Gesamtperson kaum zu einem Dummkopf oder Idioten. Praktisch alle Menschen verhalten sich zu Zeiten dumm oder idiotisch. Sind das alles komplette Dummköpfe? Es gibt keinen Grund, dass ich mich unbedingt entscheiden muss, auch wenn es einige Gründe dafür gibt, dass es besser wäre, wenn ich es tun würde. Also, will ich aus diesen Gründen eine Entscheidung treffen und dabei bleiben. Alle absoluten Forderungen überlasse ich Gott und der Welt, die trotz ihrer hohen Position in der Ordnung der Dinge bisher wenig erfolgreich darin waren, diese Forderungen klar zu definieren und ihre Einhaltung unerbittlich durchzusetzen."

Hinsichtlich seines Ärgers auf den Verkäufer, kann sich Bill schließlich folgende Fragen stellen, um seine irrationalen Bewertungen zu disputieren (**D**):

- **Frage: „Warum bestehe ich darauf, dass er mich nicht so behandeln kann?"**

- Antwort: „Offensichtlich kann er mich so behandeln. Tatsächlich sieht es so aus, als wäre es eine seiner leichtesten Übungen. Nicht nur, dass er es kann, es macht ihm offensichtlich auch nichts aus. Er ist genauso wenig ein Mistkerl für seine Drückebergerei, wie ich ein

Trottel für meine Unentschlossenheit bin. Ebenso wie ich ist auch er ein fehlbares Individuum. Wir sind beide Menschen."

• Frage: „Warum sollte er sich, nach allem was ich für ihn getan habe, nicht anders verhalten? Und warum sollte er den Anstand besitzen entweder diese verdammten Berichte abzuliefern oder wenigstens sein Fehlverhalten einzusehen und schuldbewusst seine Kündigung einzureichen?"

• Antwort: „Es gibt keinen Grund! Auch wenn ich viel für ihn getan habe - als menschliches Wesen hat er das Recht, meinem Entgegenkommen mit Unfreundlichkeit zu begegnen. Ich glaube, dass es falsch ist, dass er mich für meine Rücksicht ihm gegenüber nicht belohnt. Aber wie alle Leute hat er das Recht, Fehler zu machen und realistisch gesehen erwarte ich besser, dass dies häufig geschehen wird. Es wäre großartig, wenn er den Anstand besäße, die Berichte abzuliefern und sich für sein Fehlverhalten zu entschuldigen, aber er muss nicht das tun, was gut wäre. Tatsächlich muss er nichts von dem tun, was ich gerne hätte, dass er es täte. Basta."

Soviel zum Disputieren am Punkt **D**. Wenn Bill in dieser Weise vorgeht, ist es wahrscheinlich, dass er sich als Effekt (**E**) seines Umdenkens eine Reihe neuer Sichtweisen aneignet:

Effekte des Disputierens

1. Entscheidungsschwierigkeiten und Unentschlossenheit sind überflüssig und närrisch, aber niemals furchtbar oder katastrophal. Wenn mein Mitarbeiter mich für meine Entschlossenheit hasst: Pech gehabt.
2. Ich kann mich zwar dumm verhalten, aber nur ein Zauberer kann mich als gesamte Person in einen Dummkopf verwandeln.
3. Führungskräfte werden verurteilt, wenn sie sich von ineffektiven Angestellten trennen. Sie werden aber genauso verurteilt, wenn sie das nicht tun. Entweder akzeptiere ich das, oder ich gehe zur Fremdenlegion.
4. Es gibt wissenschaftlich gesehen keine absolut und unbedingt zu erfüllenden Forderungen im Universum.
5. Menschen sind fehlbar, weil Menschen Menschen sind. Wenn ich in den Himmel komme, kann ich vielleicht mit einem Haufen Engel arbeiten, vorher nicht!

Gibt es auch zu große Entscheidungsfreudigkeit?

Kann das auch ein Problem sein?

Problem: Übereilte Entscheidung

Auf jeden Fall! Zwar treffen Menschen mit übergroßer Entscheidungsfreude ihre Entscheidungen, aber sie tendieren dazu, dies zu schnell und zu hastig zu tun. Diese Art des Verhaltens hat einige Vorteile: Es spart Zeit, ist klar und präzise, lässt andere Mitglieder der Organisation wissen, wo man steht und es ist oft sehr effizient. Aber es birgt auch ein großes Risiko! Insbesondere, wenn es sich um wichtige Entscheidungen handelt, die sich auf die Ausgabe hoher Geldbeträge, eine große Zahl von Arbeitsplätzen und das Wachstum und die zukünftige Entwicklung des gesamten Unternehmens beziehen.

Wie können Sie damit aufhören, zu entscheidungsfreudig zu sein? Wiederum indem Sie sich jene irrationalen Bewertungen genauer anschauen, die sie zu übereilten Entscheidungen verleiten. Lassen Sie uns wieder das ABC des Problems betrachten.

Das ABC übereilter Entscheidungen

Am Punkt **A** steht ein Ereignis, das nach einer Entscheidung ruft. Dieses Ereignis könnte das gleiche sein, das wir im Hinblick auf zu geringe Entscheidungsfreude betrachtet haben. Nehmen wir also an, Sie wären Verkaufsmanager eines Unternehmens und einer Ihrer besten Verkäufer missachtet Ihre eindeutige Anweisung, am Ende jeder Woche einen detaillierten Verkaufsbericht abzuliefern. Diesmal jedoch schwanken Sie nicht endlos hin und her in Ihrer Unentschlossenheit, sondern Sie schicken den Mitarbeiter in die Wüste, bevor er eine Chance hatte, sein Fehlverhalten zu korrigieren. Weiterhin angenommen, der Geschäftsführer Ihres Unternehmens, der weiß, wie gut der Mann als Verkäufer war (und der Ihrem Verfahren der Berichtslegung niemals besonders enthusiastisch gegenüberstand), betrachtet Ihre Vorgehensweise mit finsterer Miene und fragt: „Wie kommt das? Ich könnte verstehen, dass Sie einen Ihrer normalen Verkäufer gehen lassen, wenn er mit den Berichten schlampt. Aber lassen Sie uns der Wahrheit ins Auge sehen: Dieser Mann war herausragend. Keiner unserer Angestellten war je so erfolgreich. Nun, glauben Sie wirklich, es war gerechtfertigt, ihn so schnell zu entlassen, bevor er auch nur die Gelegenheit hatte, sein Verhalten zu ändern?“

„Tja,“ sagen Sie vielleicht zu Ihrem Geschäftsführer, „ich weiß nicht, vielleicht war ich ein wenig zu hastig.“ Aber zu sich selbst sagen Sie vermutlich etwas Deutlicheres: „Verdammt! Das habe ich vermasselt. Warum war ich bloß so voreilig. Meine elende Übererregbarkeit!“

Es stellt sich also heraus, dass Sie ungünstigerweise zu impulsiv entschieden haben. Warum? Wie immer spielt eine irrationale Bewertung die entscheidende Rolle. Zunächst sagten Sie sich selbst vermutlich ganz rational: „Ärgerlich, endlich läuft alles gut mit den Verkäufen, da fängt der Kerl an, sich meinen Regeln zu widersetzen und führt sich auf, als ob ihm die verdammte Firma gehört. Ich muss mich entscheiden, ob ich ihn rauswerfe oder nicht. Und dabei ist er ausgerechnet auch noch mein bester Mann. Was für eine blöde Situation!" Dieser rationale Gedanke würde nun dazu führen, dass sie betrübt oder enttäuscht wären. Wenn Sie es dabei belassen hätten, stünden die Chancen günstig, dass Sie den Mitarbeiter nochmals ins Gebet genommen hätten, vielleicht sogar noch mehrmals, und ihm eine vernünftige Chance gegeben hätten, sein Verhalten zu ändern, bevor Sie ihn rauswerfen. Das taten Sie – zumindest in unserem Beispiel – jedoch nicht. Sie wurden vielmehr wütend und gaben der Personalabteilung die Anweisung, ihm seine Entlassungspapiere auszuhändigen. Als er dann versuchte, noch einmal mit Ihnen zu reden, um sein Fehlverhalten einzugestehen und um eine weitere Chance zu bitten, ließen Sie ihn gar nicht zu Wort kommen und beharrten rigide auf Ihrer Entscheidung. Sie wussten genau, dass Sie für seine Entlassung bei Ihrem Vorgesetzten geradezustehen hätten, aber Sie haben sich so sehr ereifert und hineingesteigert, dass Sie ihn einfach rausgeworfen haben.

Welche selbstschädigende Gedanken haben Sie dazu gebracht, sich so zu verhalten?

„Das darf nicht sein"

„Er darf sich mir gegenüber nicht so verhalten! Kaum zu glauben, nachdem ich ihn schon drei mal auf die verspäteten Berichte angesprochen habe, hat er es schon wieder versäumt, pünktlich zu sein, ja er macht noch nicht einmal den Eindruck, als wollte er den Bericht überhaupt je abgeben. Und dann entschuldigt er sich noch nicht einmal. Wie kann er mir das nur antun?"

„Oh je, wie werde ich vor ihm und vor allen anderen in der Firma dastehen, wenn ich ihn damit durchkommen lasse. Was bin ich für ein Manager, wenn ich ihn nicht auf seinen Platz verweise.

„Ich bin eine Lachnummer"

Ich wäre die Lachnummer der ganzen Firma und er hätte am Ende noch recht damit, sich nicht an die Anweisungen von einer Flasche wie mir zu halten."

„Dieser Mistkerl"

„Warum sollte ich auch nur eine Minute länger warten, um ihn loszuwerden? Ich kann den Anblick dieses Mistkerls kaum ertragen, wenn ich daran denke, dass er glaubt, er könnte so mit mir umspringen. Ich wette, er macht das absichtlich, damit ich vor der Geschäftsführung dumm dastehe. Was für ein widerlicher Mistkerl! Der lacht sich jetzt bestimmt ins Fäustchen. Den mach ich fertig und wenn es das letzte ist, was ich tue!“

Mit anderen Worten: Am Punkt **B** schlussfolgern Sie fälschlicherweise, dass ein Verkäufer sich unter keinen Umständen so verhalten darf, dass er Sie zu einem kompletten Affen gemacht hat, und dass Sie ihn aufgrund dieses unakzeptablen Verhaltens nicht eine Minute länger ertragen können. Wegen ihres Ärgers, Ihrer Selbstherabsetzung und Ihrer geringen Frustrationstoleranz haben Sie sich praktisch selbst dazu getrieben, eine hastige, impulsive, voreilige Entscheidung zu treffen und damit letztlich Ihre eigene Position im Unternehmen geschwächt.

Selbstverdammung

Das Verhalten des Mitarbeiters ist nicht das eigentliche Problem, egal wie unerfreulich es ist. Sie verdammen ganz und gar ihn und nicht bloß sein Verhalten. Ironischerweise und mit einer gewissen poetischen Gerechtigkeit geißeln Sie auch sich selbst als gesamte Person. Weil Ihre Kollegen bemerken könnten, dass Sie bislang noch keinen idealen Weg gefunden haben, mit dem Mitarbeiter umzugehen, und weil sie deshalb auf Sie herabsehen könnten. Sie pflichten diesen lediglich vermuteten Einschätzungen Ihrer Kollegen auch noch bei und verdammen sich selbst für Ihren Misserfolg. Schließlich haben Sie sich von der Person befreit, die für Sie zum Denkmal Ihrer Unfähigkeit geworden ist, und sich dadurch das Missfallen Ihres obersten Vorgesetzten zugezogen.

Die praktische Lösung Ihres Problems mag schnell zur Hand sein. Vielleicht stellen Sie schon bald einen vielversprechenden neuen Mitarbeiter ein und besänftigen damit Ihren Vorgesetzten. Vielleicht ändern Sie auch Ihre Regeln für die wöchentlichen Berichte oder es fällt Ihnen eine andere Möglichkeit ein, die unangenehme Situation zu bereinigen, in die Sie Ihre voreilige Entscheidung gebracht hat. Allerdings bleibt das emotionale Grundproblem bestehen. Wie werden Sie sich das nächste Mal fühlen, wenn Sie in einer ähnlichen Situation stehen? Wenn Sie immer noch an den gleichen Einstellungen und Bewertungen festhalten, werden Sie sich wieder und wieder selbst ein Bein stellen. Was lässt Sie denken, dass sich eine solche übereilte Entscheidung nicht wiederholen wird?

Die Antwort führt uns wiederum zu **D**, zum Disputieren, zum Hinterfragen unserer Gedankengänge. Wir betrachten also unsere irrationalen Bewertungen und stellen Sie nachdrücklich in Frage:

- **Frage: „Warum darf er sich mir gegenüber nicht so verhalten?“**

- **Antwort: „Natürlich darf er! Egal wie oft ich ihm schon gesagt habe, dass er die Berichte früher abgeben soll. Es gibt keinen Grund,** warum ihn das dazu bringen muss, sie rechtzeitig abzugeben. In dieser Hinsicht ist er ein Drückeberger und zwar einer ohne Schuldbewusstsein. Wenn man sich überlegt, wie Menschen generell - und insbesondere Verkäufer - versuchen, sich überall durchzulavieren, ist das kaum überraschend. Vielleicht werde ich lieber erwachsen und akzeptiere es wie es ist, zumal seine Vorzüge seine Nachteile bei weitem wieder gut machen."

• Frage: „Wieso macht es mich zur Lachnummer, wenn ich ihn damit durchkommen lasse, die Berichte nicht abzugeben."

• Antwort: „Gar nicht. Im schlimmsten Fall macht es mich zu einer Person, die sich in dieser konkreten Situation nicht durchsetzt. Gut, in dieser Hinsicht mag ich schwach sein. Oder, wenn ich die Sache aus einem anderen Blickwinkel betrachte, bin ich vielleicht stark genug, den mangelnden Respekt eines Mitarbeiters zu ertragen, weil es zu meinem Vorteil ist, weil ich von seinen Verkaufserfolgen profitieren kann. Außerdem, was ist, wenn ich mich manchmal schwach verhalte oder wenn mich andere für schwach halten? Macht mich das wirklich zu einem Schwächling? Kaum! Es macht mich bloß zu einem Mensch mit Schwächen. Das ist zwar bedauerlich, aber kaum schrecklich."

• Frage: „Warum kann ich es nicht ertragen, den Mistkerl zu sehen?"

• Antwort: „Ich kann! Ich werde es vielleicht nie mögen, ihn zu sehen, da er ein Störfaktor in meiner Abteilung ist, und ich werde ihm kaum für sein Verhalten applaudieren. Aber ich kann ertragen was ich nicht mag. Selbst, wenn er sich die ganze Sache ausgedacht haben sollte, um mich der Geschäftsführung gegenüber dumm dastehen zu lassen - was ich bezweifle, weil es ziemlich dumm von ihm wäre und es auch keine Beweise dafür gibt - hat er alles Recht der Welt, zu denken wie er denkt und die Dinge aus seinen eigenen seltsamen Motiven heraus zu tun. Und es hat keinen Sinn, ihn partout fertig machen zu wollen, wenn ich mir dabei selbst schade. Am besten, ich gebe vor allem auf mich acht und verschwende meine Zeit und Energie nicht mit ihm."

Dauerhafter Schutz vor übereilten Aktionen

Wenn Sie in dieser Weise fortfahren, Ihr Denken auf Logik, Realitätsgehalt und Funktionalität zu überprüfen, haben Sie gute Chancen zu einer neuen Angehensweise für Situationen zu gelangen, in denen die Gefahr einer voreiligen Überreaktion besteht. Und wenn Sie mehrere solcher Situationen erfolgreich bestanden haben, wird Ihnen die neue Sichtweise in Fleisch und Blut übergehen. Schließlich reagieren Sie dann ganz automatisch angemessen und gelassen: „Menschen mit herausragenden Fähigkeiten in einem Gebiet sind nicht automatisch auch auf anderen Gebieten gut. Wenn ein Mitarbeiter als Verkäufer erfolgreich ist, kann man nicht einfach davon ausgehen, dass er sich bei seinen schriftlichen Berichten genauso wacker schlägt. Je stärker ich auf das unzureichende Verhalten eines Untergebenen überreagiere, desto wahrscheinlicher ist es, dass er trotzig wird und sich widersetzt. Die meisten (wenn auch nicht notwendigerweise alle) Leute scheinen so zu sein. Warum kann ich das nicht einfach gelassen akzeptieren und versuchen, es zu meinem Vorteil zu nutzen. Und wenn ich in einer solchen Situation zögere oder mich schwach verhalten sollte: Warum kann ich meine Grenzen nicht akzeptieren und mich überzeugen, dass es nicht furchtbar ist, wenn andere, einschließlich meine Mitarbeiter und Vorgesetzten diese Grenzen kennen. Ich kann – und ich werde!“

Wenn Sie sich ausdauernd weiter bemühen durch Hinterfragen Ihrer irrationalen Bewertungen zu realistischeren und gesünderen Einstellungen zu kommen, dann werden Sie nach und nach den Zwang überwinden, übereilte und hilfreichere Entscheidungen zu treffen. Sie werden Entscheidungen bedachter treffen und dabei den größten Gesamtnutzen für sich und ggf. für Ihr Unternehmen im Auge haben, statt ausschließlich auf die – oftmals nur subjektive – Bedrohung Ihres „Ego“ zu schauen.

Nun fragen Sie sich vielleicht was Sie denn jetzt machen sollen. Nicht zu übereilt entscheiden? Nicht zu unentschlossen sein? Also was? Vorsicht, es geht eben gerade nicht darum, wie Sie sich letztlich entscheiden, sondern darum, ob Sie mit Ihrem Verstand entscheiden oder mit stammesgeschichtlich älteren Hirnregionen (von manchen Zeitgenossen romantisierend als Intuition bezeichnet). Das ABC des Rationalen Effektivitäts-Trainings kann Ihnen helfen, sich in Ihren Entscheidungen nicht über Gebühr von einem übersteigerten Bedürfnis nach Anerkennung oder von der Angst vor einer Bedrohung Ihres Selbstwertgefühls leiten zu lassen.

Wenn es Ihnen tatsächlich gelingt, dass Ihnen Ihr „Ego“ und Ihre Ängste nicht mehr so sehr im Weg stehen, dann werden Sie nicht nur hinsichtlich Ihrer Effektivität als Führungskraft einen weiten Sprung voran machen, Sie werden generell weniger leicht von den Unwägbarkeiten des Lebens aus der Ruhe gebracht.

Erinnern Sie sich an eine Entscheidungssituation an Ihrem Arbeitsplatz, in der Sie entweder unentschlossen eine Entscheidung vermieden oder übereilt eine Entscheidung getroffen haben. Beleuchten Sie zunächst die Situation mit einer ABC-Analyse näher. Legen Sie dabei den Schwerpunkt auf die Unterscheidung zwischen rationalen (rB‘s) und irrationalen Bewertungen (iB’s).

Übung 2

Versuchen Sie schließlich entsprechend den im vorherigen Kapitel dargestellten Beispielen Ihre irrationalen Bewertungen zu disputieren, um so zu hilfreicheren Bewertungen zu gelangen.

A Aktivierendes Ereignis

rB's Ihre rationalen und hilfreichen Gedanken

iB's Ihre irrationalen und selbstschädigenden Gedanken

C Das aus Ihren Gedankengängen resultierende unentschlossene oder übereifrige Verhalten

D Disput, Infragestellung Ihrer irrationalen Gedankengänge

E Effekt des Umdenkens, d.h. die neue effektivere Sichtweise

4 Erfolgreicher Umgang mit Mitarbeitern und Konkurrenten

Jeder gute Personalchef weiß, auf welche persönlichen Voraussetzungen oder Qualitäten er bei einem neu einzustellenden Mitarbeiter zu achten hat. Ein besonders wesentlicher Faktor besteht in der Kommunikations- und Interaktionsfähigkeit des potentiellen Mitarbeiters, das was heute auch gelegentlich „soziale Intelligenz" genannt wird.

Oder einfach gesagt:

Soziale Intelligenz

Die Qualität, mit anderen Menschen gut auszukommen, ist gefragt. Das gilt insbesondere für Führungskräfte. Der leitende Angestellte muss dafür sicherlich keinen Popularitätswettbewerb gewinnen. Zuweilen hat er einige freundschaftliche Beziehungen zu seinen Mitarbeitern, aber meist begegnet er ihnen auf sachlicher Ebene.

Dennoch sollte ein Topmanager mitarbeiterorientiert sein und auf Mitarbeiterzufriedenheit achten. Es ist daher für ihn wünschenswert, das Vertrauen seiner Mitarbeiter zu haben, sich ihrer Unterstützung und Loyalität zu versichern, auf ihre Kooperation bauen zu können und verbindliche, aber nicht zu private Beziehungen zu ihnen zu unterhalten. Weiterhin sollte er wissen, wie er bei seinen Mitarbeitern Selbstbewusstsein aufbauen kann: Indem er rüde Kritik oder persönliche Abwertungen vermeidet und sie fair und liebenswürdig behandelt und nicht vorschnell die Geduld verliert. Der effektive Manager sollte wissen, dass er normalerweise mehr erreichen kann, wenn er sich in Gegenwart seiner Mitarbeiter nicht eingebildet oder egoistisch benimmt, wenn er sich ihnen gegenüber kooperativ zeigt und ihnen bei besonderen beruflichen oder persönlichen Schwierigkeiten Hilfestellung anbietet. Er macht ihnen besser keine leeren Versprechungen und achtet so auf ein gutes Verhältnis, damit er im Bedarfsfall seinerseits über die reine Dienstpflicht hinaus auf Unterstützung rechnen kann. Obwohl Führungskräfte häufig durchaus direktiv sein und energische Anforderungen stellen müssen, sollte dies nicht nach „Gutsherrenart" despotisch geschehen. Eine anzustrebende Art, wie Anweisungen gegeben werden, sieht eher so aus: „Sehen Sie, dies sollte aus diesen oder jenen Gründen besser anders gemacht werden! Ich möchte, dass Sie es gleich so übernehmen" und nicht so: „Sie haben zu machen, was ich sage, schließlich sind Sie hier nur ein kleines Licht!"

Blockade: Minderwertigkeitsgefühle

Das alles ist natürlich leichter gesagt als getan. Um gute Beziehungen zu anderen Menschen - sei es im beruflichen wie im privaten Leben - aufzubauen und zu erhalten, sollten Sie schon wissen, wie dies erleichtert werden kann. Es ist z.B. überaus wichtig, dass Sie sich nicht selbst durch eigene Minderwertigkeitsgefühle und/ oder Gefühle der Feindseligkeit blockieren. Wenn Sie unter Minderwertigkeitsgefühlen leiden, werden Sie wahrscheinlich ständig um die Anerkennung der anderen Menschen buhlen und daher alle möglichen unsinnigen Dinge tun, um deren Zuneigung zu erhalten. Diese Zuneigung werden Sie aber auf Dauer dennoch nicht erhalten und darüber hinaus auch noch Ihr Verhältnis zu anderen Menschen belasten. Denn der Mitarbeiter - nennen wir ihn Meier - dessen Zuspruch und Zuneigung Sie vermeintlich dringend brauchen, erkennt früher oder später, dass Sie vor ihm kriechen, um Anerkennung zu bekommen; er verliert einen großen Teil seiner Achtung vor Ihnen und nutzt Sie später vielleicht ernsthaft damit aus. Und die Kollegin, nennen wir sie Schmidt, die bemerkt, dass Sie zu stark um Meiers Zustimmung betteln, neigt dann ebenfalls dazu, den Respekt vor Ihnen zu verlieren. Außerdem kann sie eifersüchtig werden oder Sie sogar hassen, weil Sie sie anscheinend nicht ebenso sehr brauchen wie Meier. Viele destruktive Auseinandersetzungen in Firmen mit einem großen Mitarbeiterstab beginnen mit dieser Art von Reaktionen auf emotionale Bedürfnisse. Um die Sache dann noch zu verschlimmern, regen sich andere „Anerkennungssüchtige" darüber auf, dass Sie einen „Meier-Komplex" hätten; Schmidt hat die Schnauze voll von Ihnen (und macht Ihnen dadurch sehr zu schaffen) und verschiedene andere Mitarbeiter sind durch das Verhalten von Ihnen, Meier und Schmidt so in Anspruch genommen, dass sie sich ziemlich vernachlässigt fühlen und sich gegen Sie stellen. So nimmt dieser Teufelskreis seinen Fortgang.

Blockade: Feindseligkeit

Feindseligkeit ist natürlich noch schlimmer. Wegen Ihrer Komplexe verhalten Sie sich Schulze gegenüber abweisend, und naheliegenderweise lehnt der Sie dann ebenso ab. Ihr Vorgesetzter - der auch Schulzens Chef ist - sieht, wie Sie sich beide gegenseitig bei der Arbeit sabotieren; deshalb wird er sauer auf Sie beide. Der Geschäftsführer Ihrer Firma sieht, dass alle möglichen Störungen auftreten und wird sich im allgemeinen über die negativen Folgen ärgern. Ehe man sich umsieht, hasst fast jeder jeden (z.T. sind auch noch die Lebens- oder Ehepartner involviert) und es herrschen nahezu chaotische Verhältnisse.

Lassen Sie uns einige emotionale Probleme, die Ihre persönlichen Beziehungen leicht stören können, etwas genauer ansehen, um zu zeigen, was Sie zur Bewältigung tun können.

Am Punkt **A**, dem Auslösenden Ereignis, stellen Sie fest, dass ein anderer Manager in Ihrer Organisation, der dort etwa ebenso lange wie Sie beschäftigt und Ihnen an Alter, Ausbildung und Vorerfahrungen vergleichbar ist, seine Abteilung bemerkenswert gut leitet. Die höheren Angestellten der Firma fangen an, spontan vorteilhafte Bemerkungen über ihn zu machen, während man offenbar selten dasselbe über Sie sagt. Am Punkt **C** begannen Sie sich deshalb schrecklich inkompetent zu fühlen, gingen diesem anderen Manager aus dem Wege (obwohl Sie vorher sehr freundschaftliche Beziehungen hatten), fühlten sich in Gegenwart der anderen leitenden Angestellten unwohl und wurden Ihren eigenen nachgeordneten Mitarbeitern gegenüber immer kritischer. Im Handumdrehen sind Ihre persönlichen Beziehungen zu Ihren Mitarbeitern schwer gestört und Sie fragen sich, ob Sie überhaupt mit jemandem gut zurecht kommen. Sie lesen einige gute Bücher, wie man Freunde gewinnt und Menschen beeinflusst, und das hilft ein wenig. Aber, geradeheraus gesagt, Sie fühlen sich nicht gerade sehr freundschaftlich, und oft haben Sie eher Lust, der halben Welt zu sagen, dass sie Ihnen recht egal ist. Manchmal tun Sie das auch!

Am Punkt **B** haben Sie zunächst eine rationale Einstellung darüber, dass Ihr „Konkurrent" so bemerkenswert gut ist und warum Sie seine Leistungen nicht erreichen: „Mist! Ich wünschte ich wäre so gut wie er - wirklich zu dumm, dass ich nicht so bin. Er wird den Posten bekommen, den ich haben wollte, er wird bedeutend mehr verdienen als ich und wenn ich nicht aufpasse, wird mir vielleicht noch die Entlassung drohen!"

Gefühle motivieren uns!

Wenn Sie konsequent bei diesem rationalen Denkmuster blieben, würden Sie sich wohl weder besonders fröhlich, aber auch nicht miserabel fühlen. Sie wären hauptsächlich enttäuscht und frustriert. Aber diese Gefühle könnten Ihnen dabei helfen, sich zu besserer Arbeit zu motivieren, Ihr Verhältnis zu Vorgesetzten zu verbessern, Ihre nachgeordneten Mitarbeiter besser zu behandeln und ansonsten ein paar andere einsichtige Schritte zu tun, um mithalten zu können oder eben auch, sich mit dem phänomenalen Erfolg des Kollegen abzufinden. Das wäre o.k., und so könnte sein Erfolg auch für Sie hilfreich sein. Oder es könnte Sie zumindest ermutigen, die eine oder andere persönliche Beziehung zu anderen Mitarbeitern zu festigen.

Aber stattdessen neigen Sie ganz irrational zu einem anderen, von Grund auf magischen Denkmuster:

„Wie kann er sich nur so benehmen – jedem zu zeigen, dass er weitaus besser ist als ich, und mich in solche Schwierigkeiten bringen? Ich kann ihn nicht ausstehen! Dass mir so eine schreckliche Sache passieren muss! Das ist der Beweis dafür, wie idiotisch und unfähig ich bin! Und dann bin ich noch so blöd, mich davon dermaßen durcheinander bringen zu lassen. Da habe ich mich wirklich großartig benommen, nicht wahr? Ich bin ein solcher Einfaltspinsel, dass ich niemals wieder aus diesem Schlamassel herauskommen werde!"

Wie können Sie solch ein selbstzerstörerisches, ungesundes Denkmuster überwinden? Wie mittlerweile schon bekannt:

Disputieren Sie es – am Punkt **D** – bis Sie erkennen, wie unhaltbar es ist, und bis Sie beginnen, es konsequent aufzugeben.

Etwa so:

• Frage: „Warum darf er sich nicht genau so benehmen, wie er sich benimmt, auch wenn ich in Schwierigkeiten komme, wenn er weiterhin meine Leistungen übertrifft?"

• Antwort: „Natürlich darf er das! Er hat einwandfrei das Recht, zu tun, was immer er tut. Es ist seine Natur, genauso zu handeln wie er will und nicht so, wie ich es gerne hätte. Es ist jammerschade, wenn ich Schwierigkeiten bekomme, weil er mich in so vielen Bereichen aussticht. So ein Pech aber auch! Aber so sind die Dinge oft – nachteilig und unerfreulich. Was werde ich also tun, um sie ein bisschen weniger negativ zu machen? Es bringt nichts, wenn ich ihn hasse wie die Pest, auch wenn er mir eine Menge Ärger macht. Selbst wenn er sich mies verhält, sollte ich eher sein Verhalten als ihn als Person verdammen. Doch er hat mir nicht übel mitgespielt. Er hat lediglich getan, was er wollte und wozu er imstande war; und ich beziehe sein Verhalten nur künstlich auf mich."

• Frage: „Warum ist diese Sache für mich so schrecklich?"

• Antwort: „Sie ist bestimmt verdammt ungemütlich!

Wenigstens denke ich das so - obwohl sie sich bei abschließender Beurteilung vielleicht sogar als ganz günstig erweisen könnte. Denn wenn er durch sein Verhalten zeigt, wie die Aufgaben in unserer Organisation besser erledigt werden können, dann kann ich von seinem Verhalten lernen und auch besser zurechtkommen. Vielleicht hat er mir in dieser Hinsicht sogar geholfen. Aber selbst wenn das nicht so ist und sogar wenn ich es nie besser machen kann, und er mich eben in seinen Leistungen übertrifft, so ist das bloß nachteilig, aber es ist niemals furchtbar. Wenn es zum Schlimmsten kommen sollte, werde ich wegen seines Verhaltens zurückgestuft oder entlassen, und das ist immer noch nicht furchtbar. Es bedeutet lediglich eine harte und raue Zeit im Leben. Aber es gibt keinen Grund dafür, dass ich wegen Schwierigkeiten im Leben ein unglücklicher Mensch sein muss."

• Frage: „Wo ist der Beweis dafür, dass ich idiotisch und inkompetent bin, nur weil er vielleicht gescheiter und kompetenter ist als ich?"

• Antwort: „Natürlich gibt es keinen Beweis dafür. Praktisch kein Mensch ist ein Idiot oder ein Versager. Selbst diejenigen, die wegen geistiger Behinderungen in Heimen untergebracht sind, machen im allgemeinen einige Dinge ganz gut; und sie dann grundsätzlich Idioten (statt Menschen, die sich oft idiotisch benehmen) zu nennen, ist eine törichte und übertriebene Verallgemeinerung. Was mich betrifft, so erledige ich viele Dinge intelligent und gut. Vermutlich bin ich also eine Person, die sich normalerweise scharfsinnig und geschickt benimmt, manchmal aber auch nicht und oft nicht genauso gut wie ein anderer Mensch. Das heißt doch nur, dass ich in dieser Hinsicht ein typischer Mensch bin!"

• Frage: „Wo ist der Beweis dafür, dass ich ein solcher Einfaltspinsel bin und niemals wieder aus diesem Schlamassel herauskomme, nur weil ich so blöd bin, mich davon dermaßen durcheinander bringen zu lassen?"

• Antwort: „Es gibt keinen Beweis! Wenn ich mich selbst weiter auf diese Weise durcheinander bringe, werde ich natürlich mehr Schwierigkeiten haben, aus diesem Schlamassel wieder herauszukommen, als wenn ich mich nicht durcheinander bringe. Ich wäre also klüger, wenn ich das nicht täte. Aber selbst wenn ich mich weiter so durcheinander bringe, mache ich die Dinge nur komplizierter, aber nicht notwendigerweise unmöglich. Andere Menschen, die sich auch leicht verwirren, kommen doch auch wieder aus so einem Schlamassel heraus. Warum sollte ich das nicht auch können?"

Wenn Sie so ähnlich Ihr irrationales Denkmuster, welches für Ihre Minderwertigkeitsgefühle verantwortlich ist, disputieren, dann haben Sie eine gute Chance, dass Ihre Arbeitsleistungen effektiver werden und Sie so den Wettbewerb mit Ihrem Kollegen besser bestehen. In jedem Fall werden Sie sich wenigstens besser fühlen, selbst wenn die Firmenleitung von Ihnen weniger hält als von Ihrem „Konkurrenten".

Fremdabwertung und feindselige Gefühle

Eine weitere Art, wie Sie es in dieser Situation schaffen, sich noch mehr Schwierigkeiten zu machen, besteht darin, darauf zu beharren, dass andere Menschen sich gemäß Ihrer Vorstellung verhalten müssten, dass die Welt fair und gerecht sein muss. So können Sie in der gleichen Situation, die wir am Punkt **A** angenommen hatten – ein anderer Manager Ihrer Firma ist viel erfolgreicher als Sie und hat die höchsten Vorgesetzten Ihrer Organisation für sich gewonnen – am Punkt **C** zusätzlich zur Selbstabwertung einen tiefen Groll aufbauen. Denn nachdem Sie sich am Punkt **B** noch ganz rational sagten, dass Sie das Verhalten dieses Mitarbeiters oder der Vorgesetzten nicht gut finden, können Sie noch das folgende extrem selbstschädigende Denkmuster in Ihren inneren Dialog einbauen:

„Was für ein *elender Kriecher* er ist, sich den Vorgesetzten so zu präsentieren! Er ist vermutlich nicht halb so gut wie er tut. Er macht ihnen lediglich vor, so gut zu sein, clever und hinterhältig wie er ist. So eine Frechheit! Was die Vorgesetzten angeht, so sind sie so dumm, nur das Beste bei ihm zu sehen, auch wenn das nicht einmal so gut ist, und dann ignorieren sie üblerweise noch meine gute Arbeit, erwarten von mir Wunder was für Leistungen und geben mir nicht einmal halb so viel Anerkennung, wie ich sie für meine Arbeit für die Firma in den vergangenen Jahren verdient habe. So viel Undank! Es ist komplett ungerecht! Wie können die nur so sein – warum behandeln die mich so geringschätzig, obwohl ich mich so anstrenge und die besten Vorsätze im Interesse der Firma habe?“

Muss-turbatorische Lebensphilosophie

Auch wenn sich in diesem Denkmuster einige Fakten widerspiegeln, so strotzt es doch von falschen Schlussfolgerungen, die mit den Fakten überhaupt nichts mehr zu tun haben. Sie nehmen eine der grausamen Wahrheiten des Lebens und verarbeiten sie zu einem Gewebe abgrundtiefer Abscheu. Warum? Weil Sie wie folgt „muss-turbieren"!

1. Angenommen, der Manager, der so eine „gute" Arbeit macht und Sie wie einen Tölpel aussehen lässt, ist in Wirklichkeit gar nicht so gut wie es oberflächlich betrachtet aussieht. Er führt Ihre Vorgesetzten clever an der Nase herum und benimmt sich hinterhältig. Warum sollte er das nicht tun? Würden Sie nicht dasselbe machen, wenn Sie gut damit fahren könnten? Seien Sie ehrlich! Und selbst wenn Sie sich nicht so verhielten, heißt das, dass er es nicht darf? Es wäre sehr schön - wenigstens für Sie –, wenn er so ehrlich und aufrichtig wäre wie Sie. Er ist es aber nicht! Und warum muss er so sein, wie er nicht ist? Warum können Sie nicht realistisch sein aktuelles Verhalten akzeptieren - statt zu verlangen, dass es anders sein sollte - und auf irgendeine Weise eine effektive Einstellung dazu finden? Es vielleicht sogar klug übernehmen?
2. Warum meinen Sie, dass dieser Konkurrent eine Frechheit begeht, wenn er so handelt? Er wirkt bestimmt sehr selbstsicher. Aber ist es wirklich ein Zeichen von Unverschämtheit und Frechheit, bloß weil er etwas anderes tut als Sie? Im übrigen, nehmen wir einmal an, er wäre unverschämt. Warum sollte er nicht so sein? Weil Sie es nicht mögen? Weil die meisten Menschen nicht so frech sind?

Wer sagt, dass er genau so sein muss wie Sie oder wie die meisten Menschen? Warum darf er nicht seinen eigenen Weg gehen, wenn er das will?

3. Wenn die Leute in der oberen Etage Ihrer Organisation sich tatsächlich nur von Ihrem Konkurrenten beeindrucken lassen, wo liegt dann der Beweis dafür vor, dass sie in übler Weise Ihre gute Arbeit gering schätzen, von Ihnen Wunder erwarten und Ihnen nur halb so viel Anerkennung schenken, wie Sie verdienen? Vielleicht ist es so; vielleicht aber denken Sie nur, dass es so ist! Und im übrigen, angenommen, alle Ihre unbewiesenen Vermutungen seien korrekt und Ihre Vorgesetzten seien Ihnen gegenüber wirklich voreingenommen und gäben Ihnen nicht die verdiente Anerkennung. Was dann? Dürfen sie das nicht? Dürfen sie keine Fehler machen? Dürfen sie keine Vorurteile gegen Sie haben? Müssen sie auf Ihrer Seite sein, oder zumindest neutral? Warum müssen sie? Nur weil Sie das schön und gerecht fänden?

4. Sind die Führungskräfte Ihrer Firma wirklich so undankbar und ungerecht, wie Sie annehmen? Wie können Sie diese Hypothese beweisen? Und wenn sie wirklich voller Undankbarkeit und Ungerechtigkeit sind, ist das etwas für Menschen so Ungewöhnliches? Sind Sie der einzige Mensch auf der Welt oder auch nur in Ihrem Betrieb, der jemals so unfair behandelt wurde? Bestimmt nicht! Das bedeutet natürlich nicht, dass Undank und Unrecht gut sind. Aber warum sollte es auf der Welt und speziell in Ihrem Leben nicht vorkommen dürfen? Menschen haben keine Schwierigkeiten, undankbar und unfair zu sein. Warum sollten ausgerechnet Ihre Vorgesetzten da eine Ausnahme machen nur weil Sie es gerne so hätten?

Präferenzielle Lebensphilosophie

Auf diese Weise, mit ähnlicher Argumentation, könnten Sie zu Punkt **D** gelangen und Ihre irrationalen Überzeugungen über die Aktivierenden Ereignissen am Punkt **A** disputieren. Und wenn Sie das getan haben, werden Sie am Punkt **E** wahrscheinlich eine neue (präferenzielle) Lebensphilosophie entwickeln:

1. „Es ist wirklich ärgerlich, wenn einer meiner Mitarbeiter viel besser ist als ich und deshalb von unseren Vorgesetzten mehr Beifall bekommt. Aber so ist es nun einmal. Es wird oft jemanden geben, der mich in verschiedenen Bereichen übertrifft, und ich kann sein Verhalten bestimmt gar nicht oder nur wenig beeinflussen. Nun, warum konzentriere ich mich nicht auf andere Leute oder Dinge? Ich kann mir klarmachen, dass seine Arbeit tatsächlich nichts über

meine aussagt, und ich könnte erkennen, dass das - selbst wenn ich niemals so gut bin wie er oder soviel Zuspruch von den Vorgesetzten bekomme - nicht zwangsläufig bedeutet, dass ich in Zukunft keine Fortschritte machen kann, oder dass ich viel besser sein muss und ein totaler Versager bin, wenn ich nicht mache, was ich muss. Es gibt *kein Muss* auf der Welt! Nur sehr viele *„Es-wäre-schöner-wenn...*"

2. „Es gibt keinen vernünftigen Grund, dass andere, selbst wenn ich mein Bestes gebe, meine Leistungen anerkennen und mich fair behandeln müssen. Ich werde natürlich das Meinige dazu tun, um fair behandelt zu werden und werde mich bei Gelegenheit vielleicht dafür entscheiden, mit denjenigen Menschen zusammen zu arbeiten, die sich grundsätzlich fair benehmen. Das ist aber nur ein Wunsch, der sich bestimmt nicht immer erreichen lässt. Wenn ich ungerecht oder undankbar behandelt werde, ist das äußerst lästig. Aber das ist schon alles: Es ist *nicht wünschenswert,* sondern *nachteilig* und *hinderlich*. Trotzdem kann ich weiterhin zufrieden sein und sogar voran kommen auch in einer schwierigen, nachteiligen und hinderlichen Situation. Natürlich wünsche ich mir eine gerechte Behandlung. Aber brauche ich sie so nötig wie die Luft zum Atmen? In der Tat, ich brauche sie nicht."

Wenn Sie diese grundlegende Lebensphilosophie übernommen haben und die meiste Zeit an ihr festhalten, können Sie zwar weiterhin gelegentlich Minderwertigkeitsgefühle und/oder Gefühle der Feindseligkeit haben, die Ihre Beziehungen zu anderen stören mögen; aber sicher nicht mehr so oft und heftig wie früher. Sie werden dann eher Ihr eigenes Leben führen als sich von äußerlichen Situationen bei **A** so immens beeinflussen zu lassen.

Übung 3

Teil A

Entdecken Sie Ihre selbstschädigenden Denkmuster, die den Umgang mit Ihren Mitarbeitern erschweren!

Dies sind die vier häufigsten irrationalen Denkmuster, welche die Beziehung zu Kollegen unnötigerweise belasten:

1. Die Welt muss fair sein und ich muss bekommen, was ich will.
2. Die anderen müssen sich nach meinen Vorstellungen verhalten.
3. Ich muss die Bestätigung und Wertschätzung all der Menschen bekommen, die ich mir auserkoren habe.
4. Es ist furchtbar und unerträglich, wenn die Leute um mich herum sich nicht so verhalten, wie ich es will, das kann ich nicht aushalten.

In **Spalte 1** führen Sie diejenigen Mitarbeiter auf, über die Sie oft in oben beschriebener Weise denken. In **Spalte 2** beschreiben Sie kurz ein oder zwei reale Situationen, in denen Sie sich so verhielten. In **Spalte 3** schreiben Sie die Nummer (siehe oben 1.- 4.) des entsprechenden irrationalen Denkmusters, welches in dieser Situation zum Tragen kam. In **Spalte 4** schätzen Sie das Ausmaß Ihrer emotionalen Störung in dieser Situation ein.

Mitarbeiter	Situation	Irrationale Denkmuster	Emotionale Beeinträchtigung niedrig hoch
			1 2 3 4 5
			1 2 3 4 5
			1 2 3 4 5
			1 2 3 4 5
			1 2 3 4 5
			1 2 3 4 5
			1 2 3 4 5
			1 2 3 4 5
			1 2 3 4 5

Teil B

Nehmen Sie Bezug auf die Situationen aus dem Übungsteil A. Entwickeln Sie nun in **Spalte 2** rationale Denkmuster. Begeben Sie sich in Ihrer Vorstellung erneut in die gleiche Situation. Ersetzen Sie jedoch diesmal Ihre selbstschädigenden Denkmuster durch die neue Sichtweise. Kreuzen Sie in **Spalte 3** an, wie Sie sich jetzt fühlen.

Situation	Rationale Sicht	Emotionale Beeinträchtigung niedrig hoch
		1 2 3 4 5
		1 2 3 4 5
		1 2 3 4 5
		1 2 3 4 5
		1 2 3 4 5
		1 2 3 4 5
		1 2 3 4 5
		1 2 3 4 5
		1 2 3 4 5

5 Selbstdisziplin: Der Schlüssel zum Erfolg

Man muss wohl nicht sonderlich betonen, dass die Fähigkeit zur Selbstdisziplin eine wichtige Voraussetzung für einen erfolgreichen Manager darstellt. Wer sich nämlich nicht selbst dazu durchringen kann,

gegenwärtiges Vergnügen zugunsten zukünftiger Ziele aufzuschieben

und hierin mit gutem Beispiel seinen nachgeordneten Mitarbeitern vorangeht, der wird von diesen weder als Vorbild akzeptiert, noch respektiert werden. Einer solchen Führungskraft wird es schwer fallen, die Mitarbeiter zu selbstdiszipliniertem Verhalten zu motivieren.

Eine disziplinierte Lebensweise anstreben!

Es hängt die Leistungsfähigkeit eines Managers unter anderem davon ab, mit welcher Beständigkeit er sich an vernünftige Lebensregeln hält. Zum Beispiel braucht eine vielbeschäftigte Führungskraft eine beachtliche Portion Gesundheit und Energie, aber diese sind kaum erreichbar, wenn jemand keine gesundheitsbewusste Lebensweise anstrebt. So wird ein kluger Aspirant auf eine Führungsposition sein Ernährungsverhalten entsprechend organisieren: auf Regelmäßigkeit der Mahlzeiten achten, zu fettes und cholesterinreiches Essen vermeiden und seinen Speisezettel ausgewogen und vitaminreich gestalten. Er wird Raubbau an seinem Körper vermeiden, indem er für ausreichenden Schlaf sorgt und nur mäßig Alkohol trinkt – wenn überhaupt. In den letzten Jahren haben in den Vereinigten Staaten, aber auch zunehmend in Deutschland und Europa, viele Führungskräfte erkannt, dass z.B. Nikotingenuss ein erhebliches Gesundheitsrisiko darstellt und daher das Rauchen aufgegeben. Zu einer vernünftigen, gesundheitsbewussten Lebensführung gehört weiter, sich regelmäßig medizinisch untersuchen zu lassen[6], ärztliche Ratschläge zu beachten und sich angemessen sportlich zu betätigen. Denken Sie an den ehemaligen amerikanischen Jogger-Präsidenten Clinton oder den ehemaligen deutschen Aussenminister Joschka Fischer!

Das bedeutet natürlich nicht, dass man in diesen Dingen ein perfektionistischer „100- Prozenter" sein muss, aber man sollte zumindest auch kein gewohnheitsmäßiger „Gesundheitsmuffel" sein.

Diszipliniert arbeiten!

Selbstdisziplin ist nicht nur Voraussetzung für eine gesundheitsbewusste Lebensführung, sondern auch bei der alltäglichen Arbeit von unschätzbarem Vorteil.

Selbst die faszinierendsten und aufregendsten Aufgaben enthalten nämlich unvermeidlich viele langweilige Routinearbeiten, die intelligente und kreative Menschen oft als besonders uninteressant empfinden. Wenn wir aber versuchen, diesen unlustvollen Bestandteilen unserer Arbeit aus dem Wege zu gehen, dann schaden wir der Sache insge-

[6] *Der Seniorautor (A.E.) berichtet in seinem Buch „Optimal Aging" (geschrieben im Alter von 84 Jahren), dass er regelmäßig ungefähr einmal pro Woche einen seiner Ärzte aufsucht, obwohl er den damit notwendigerweise verbundenen Zeitaufwand hasst – aus der Erkenntnis heraus, dass Prävention letztlich Zeit spart (sowie vor Schmerzen und Ungemach schützt).*

samt. Wenn wir die langweiligen Routinearbeiten immer auf Mitarbeiter abschieben, machen wir uns bald manche von ihnen zu Gegnern oder wir geraten so sehr in Rückstand mit notwendigen Verabredungen, Terminen und anderen geschäftlichen Aufgaben, dass sich das Chaos entwickelt und wir uns nicht mehr zurechtfinden werden. Von annähernd optimaler und effektiver Bewältigung der Aufgaben kann dann nicht mehr die Rede sein. Als Führungskräfte sollten wir deshalb besser lernen, auch stumpfsinnig wirkende Plackerei zu akzeptieren, wenn sie ein notwendiger Teil unserer Arbeit ist. Erledigen wir diese Arbeiten besser auch dann, wenn sie uns nicht sonderlich interessieren. Beginnen wir mit dem Wichtigsten zuerst und nicht damit, was wir im Moment lieber machen würden. Halten wir den Kontakt zu Leuten, die für die Arbeit wichtig sind, auch wenn wir privat mit diesen Personen keine Zeit verbringen würden. Halten wir wichtige Termine ein, selbst wenn diese willkürlich und töricht angesetzt zu sein scheinen.

Geringe Frustrationstoleranz

Allerdings besteht das Problem nicht so sehr darin, wofür Selbstdisziplin erforderlich ist – das liegt häufig auf der Hand. Das Problem heißt natürlich: Wie können wir Selbstdisziplin erreichen!

Mangelnde Selbstdisziplin ist ebenfalls Folge einer irrationalen Lebensphilosophie, an die vermutlich Millionen Menschen glauben: Nämlich die Vorstellung, dass es leichter sei, die Konfrontation mit den Schwierigkeiten des Lebens zu vermeiden, als sich den Aufgaben zu stellen. Diese selbstschädigende Lebensphilosophie, verantwortlich für geringe Frustrationstoleranz, kann auf verschiedene Weisen aktiv und energisch bekämpft werden:

1. Auch wenn wir uns verständlicherweise scheuen, Arbeiten anzugehen, die sich evtl. als wenig produktiv oder gar als überflüssig erweisen könnten, sollten wir uns angewöhnen, sorgfältig zu prüfen, was wirklich erforderlich ist und dann diese Angelegenheiten prompt erledigen. Als Richtschnur kann gelten:

a) Unumgänglich und unbedingt zu erledigen sind all die Dinge, die mit dem „Leben und Überleben", der sog. Reproduktion zusammenhängen: Ernährung, Gesundheit, Hygiene etc., also z.B. Einkaufen, sich zweckmäßig kleiden, Körperpflege usw.

b) Aufgaben, die für das „Leben und Überleben" zwar nicht unbedingt erforderlich sind, aber ausgeführt werden müssen, um bestimmte Ziele zu erreichen, wie: Tägliches Pendeln zwischen Arbeitsplatz und Zuhause, um in der Stadt arbeiten und im Grünen leben zu können, wohlwissend wie viel unproduktive Zeit dadurch im täglichen Verkehrschaos verbraucht werden kann. Oder: Einhalten einer „Kleiderordnung" - nicht um den eigenen Selbstwert zu erhöhen, sondern um nicht unnötig Anstoß zu erregen bei Geschäftspartnern etc. (auch wenn Sie eingedenk Ihrer Jugendjahre tausendmal lieber Jeans und Turnschuhe anziehen würden).

Info 4

Allgemeine menschliche Lebensziele aus der Sicht der Rational-Emotiven Verhaltenstherapie:

Die Axiome der Rational-Emotiven Verhaltenstherapie

1. Alle Menschen wollen ihre Existenz so lange bewahren, wie ihre biologische Ausstattung dies zulässt. Sie wollen bis zu diesem Zeitpunkt, an dem sie als sterbliche Wesen ihre Existenz aufgeben müssen, leben und überleben.

Bedeutung: Gesundheitsbewusst leben!

2. Die Menschen wollen die kurze Zeitspanne ihrer irdischen Existenz - und es gibt bislang keinerlei wissenschaftlich begründete Annahmen, dass es neben dieser irdischen Existenz eine andere geben könnte - möglichst glücklich leben.

Bedeutung: Hedonistisch leben!

3. Die Menschen scheinen ihrem Ziel, glücklich oder relativ glücklich und zufrieden leben zu können, am ehesten durch erfolgreiches Zusammenleben im sozialen Kontakt mit diesen, nahezukommen.

Bedeutung: Sozial leben!

4. Neben dem Leben in einer sozialen Gruppe scheinen Menschen eine bedeutsame Beziehung zu einem anderen Menschen als besonders glücksverheißend anzusehen.

Bedeutung: In Partnerschaft leben!

5. Schließlich scheint es ein grundlegendes Streben der Menschen zu sein, sich produktiv und kreativ mit ihrer Umwelt auseinander zu setzen – Arbeit und Spiel stellen die grundlegenden Formen dar, in denen sich dieser Wunsch nach Produktivität und Kreativität äußert.

Bedeutung: Sich in Arbeit und/oder Spiel verwirklichen!

2. Wenn Sie sich dann nach eingehender Prüfung für ein bestimmtes Ziel entschieden haben, können Sie die zur Erreichung des Zieles nötige Selbstdisziplin durch energisches Selbstmanagement wie folgt erwerben:

Zunächst sollten Sie Ihre hauptsächlichen selbstschädigenden inneren Dialoge aufspüren und attackieren, beispielsweise:

- „Es ist leichter, alles so zu lassen, wie es ist"
- „Ich glaube nicht, dass ich diszipliniert sein kann"
- „Warum muss ich so unangenehme Dinge machen, um die angenehmen Folgen, die ich mir wünsche, zu erreichen?"

Formulieren Sie nun um:

- „Es ist für mich auf lange Sicht bestimmt schwieriger und weniger lohnenswert, die Dinge „auf die bequeme Art" einfach so zu lassen wie sie sind"
- „Ich habe wie jeder Mensch die Fähigkeiten, Selbstdisziplin zu erlangen, selbst wenn das ziemlich schwierig ist"
- „Ob ich es mag oder nicht: Es gibt keinen anderen Weg, die von mir gewünschten angenehmen Folgen zu erreichen als zunächst die unangenehmen und zeitaufwendigen Hürden zu nehmen"

3. Weil Sie wie alle Menschen fehlbar sind, sollten Sie folgender Tatsache ins Auge sehen: Sie werden häufig große Schwierigkeiten haben, bestimmte konstruktive Einsichten umzusetzen. Ein „normales Trägheitsprinzip" wird Sie zurückhalten und jeden Anfang zu einer schwierigen Aufgabe machen. Stellen Sie deshalb in Rechnung, dass diese Probleme auftreten werden, und akzeptieren Sie schon prophylaktisch die Tatsache, dass Sie oftmals einen extra „Schubs" und extra Energie benötigen werden, um auf den richtigen Weg zur Selbstdisziplin zu kommen. Vergleichen Sie hierzu folgenden Ratschlag des antiken Philosophen Epiktet[7].

Haltung bewahren

Info 5

„Wenn du irgend etwas vorhast, dann mach dir klar, was du eigentlich vorhast. Wenn du zum Beispiel zum Baden gehst, dann stell dir vor, wie es in einem öffentlichen Bad zugeht, wie sie dich nassspritzen, hin und her stoßen, beschimpfen und bestehlen. Du wirst daher mit größerer Ruhe und Sicherheit hingehen, wenn du dir von vornherein sagst: „Ich will baden und meiner sittlichen Entscheidung treu bleiben, durch die ich mich in Übereinstimmung mit der menschlichen Vernunftnatur befinde." Das gilt auch für alles andere. Denn wenn dich wirklich etwas beim Baden stört, wirst du dir sagen können: „Ich wollte ja nicht nur baden, sondern auch meiner sittlichen Entscheidung treu bleiben, durch die ich mich in Übereinstimmung mit der menschlichen Vernunftnatur befinde. Das tue ich aber nicht, wenn ich mich über derartige Vorgänge ärgere."

[7] *Epiktet (1978). Die sog. Prämeditation, also die Fassung auf das Künftige, war eine der wichtigsten Methoden, mit denen die stoischen Philosophen ihr seelisches Gleichgewicht zu halten suchten. In der moderneren Psychotherapie begegnen wir dem Prinzip des Sichgefasstmachens erneut.*

Sobald Sie einmal begonnen haben, regelmäßig zu joggen oder morgens so früh wie nötig aufzustehen, werden Ihre Aufgaben leichter und manchmal sogar erfreulich werden. Einer von uns (D.S.) entschloss sich vor Jahren, endlich ein konsequentes Herz-Kreislauftraining zu beginnen. Nachdem er zunächst einige Zeit viel Selbstdisziplin aufbringen musste, um die tägliche Fahrradstrecke von ca. 20 km einzuplanen und zu absolvieren, stellte er bald fest, dass dieses Training zur lieben Gewohnheit geworden war.

Dennoch: „Aller Anfang ist schwer". Sie sollten ihn daher besser nicht für einfach halten.

4. Selbstdiszipliniertes Handeln heißt auch, die jeweiligen anstehenden Aufgaben sorgfältig zu planen: Entwerfen Sie also ein reguläres Programm. Unterteilen Sie größere Projekte in kleinere Abschnitte und Unterziele. Arbeiten Sie quasi nach dem „Stück-Akkord-Prinzip", d.h. zwingen Sie sich z.B. dazu, pro Tag eine bestimmte Anzahl Seiten zu schreiben oder eine bestimmte Anzahl Übungen zu machen. Belohnen Sie sich zwischendurch für Ihre Selbstdisziplin: Gestatten Sie sich z.B. einen Kinobesuch, nachdem Sie ein bestimmtes Arbeitspensum erledigt haben.
5. Achten Sie aber darauf, sich nicht durch zuviel Selbstdisziplin wiederum zu schädigen oder die Dinge auf zu gewaltsame Weise anzugehen (in der trügerischen Hoffnung, magische Belohnungen für Ihre Selbstbestrafung zu bekommen). Sowohl allzu starres Befolgen von Regeln wie umgekehrt rebellisches Auflehnen gegen Regeln führen oft dazu, das „Kind mit dem Bade auszuschütten": Auch das ist Zeichen und Folge emotionaler Blockaden. Ein Zuviel an Disziplin kann ähnlich selbstzerstörerisch wirken wie ein Mangel an erforderlicher Selbstkontrolle.

Fassen wir zusammen:

Es ist für die allermeisten von uns sehr schwierig, ständig gegen die wahrscheinlich angeborene Tendenz anzukämpfen,

- bei schwierigen Aufgaben schnell aufzugeben
- auf morgen aufzuschieben, was besser heute getan werden sollte
- im Bemühen um Selbstdisziplin nachzulassen, bevor die Sache in Schwung gekommen ist (und dann meist ohne größere Anstrengungen durchführbar ist).

Ganz sicher, es ist nicht leicht!

Aber es ist nötig, die Philosophie des Langzeit-Hedonismus zu entwickeln (vgl. Info 6).

Kurz - und Langzeithedonismus:

Info 6

Als Albert Ellis 1955 die REVT in ihren Grundzügen entwarf, charakterisierte er bereits den bedeutsamen Unterschied zwischen Kurz- und Langzeithedonismus wie folgt:

Kurzzeithedonismus hat wesentliche Nachteile. Wenn man nach der Devise lebt: „Komm, iss, trink, rauch, ist doch egal, heute ist heute“, dann hat man kurzfristig vielleicht zwar genossen, auf lange Sicht sich jedoch geschadet. Daher: Es ist klüger, nicht immer die unmittelbare Befriedigung anzustreben, sondern auch die längerfristigen Konsequenzen zu bedenken. Viele Raucher argumentieren gegen das sofortige Aufhören: „Bei dem vielen Stress, den ich habe, ist es viel zu hart aufzuhören!” Aber sind die gesundheitlichen Konsequenzen nicht weitaus härter?

Umgang mit zeitlichen Beschränkungen

Für eine kompetente Führungskraft unterscheidet sich Selbstdisziplin nicht wesentlich von Selbstkontrolle. Sie erfordert hauptsächlich die Tatsache zu akzeptieren, dass es praktisch in jedermanns Leben einige wichtige zeitliche Beschränkungen gibt. Sie werden vermutlich nur etwa 75-80 Jahre leben. Sie werden von diesen Jahren einen großen Teil verschlafen, zum Arbeitsplatz pendeln und viele unkreative Aufgaben zu erledigen haben. Ob Sie es mögen oder nicht, Sie werden viele Stunden mit Arbeitskollegen verbringen müssen, was Sie manchmal als pure Zeitvergeudung betrachten könnten. Sie werden von Glück sprechen können, wenn Sie jeden Tag und jede Woche eine einigermaßen passable Zeitspanne übrig behalten, in der Sie einer von Ihnen favorisierten kreativen Tätigkeit nachgehen können. Wenn also der Zeitfaktor so wesentlich ist - zumal die Zeit einen Aspekt unserer Existenz darstellt, den wir am wenigsten ausdehnen können - was werden Sie dann mit ihr anfangen? Die vernünftige Antwort heißt: Erwerben wir Selbstdisziplin, damit wir die verfügbare Zeit bestmöglich nutzen können.

Schön und gut! Aber der Entschluss, seine Vorhaben in Zukunft intelligent und effektiv zu planen, bleibt wie so oft ein frommer Wunsch, wenn wir uns nicht von unseren emotionalen Blockaden befreien. In diesem Zusammenhang bedeutet Freiheit vor allem

1. die Überwindung des Kurzzeit-Hedonismus und
2. der Sucht nach Anerkennung durch Andere.

Wenn Sie nämlich danach süchtig sind, dann sind Ihre Chancen, eine ausreichende Selbstdisziplin aufzubauen, ungefähr mit der Chance vergleichbar, mit verbundenen Augen ein gutes Portrait zu malen.

Betrachten wir zunächst die erste zentrale emotionale Blockade auf dem Weg zu mehr Selbstdisziplin:

den Kurzzeit-Hedonismus.

Zentrale emotionale Blockaden

Nehmen wir beispielsweise an, Sie hätten - am Punkt A - eine ziemlich anspruchsvolle Frau, zwei kleine Kinder, Ihre Eltern seien in gesundheitlich schlechter Verfassung und alle beanspruchen ständig Ihre Aufmerksamkeit. Sie selbst seien zudem noch mit einer zeitraubenden Fortbildung beschäftigt. In Ihrer Leitungsposition seien Sie zwar recht kompetent, hätten aber noch große Probleme damit, wichtige Projekte rechtzeitig zu vollenden und so Ihre Karriere weiter zu fördern. Sie sind also ein ganz typischer junger Manager in einer ziemlich typischen Lebens- und Arbeitsposition! Folglich wissen Sie sehr wohl, dass Sie zur Erreichung Ihrer Ziele in einigen Bereichen eine gehörige Portion Selbstdisziplin brauchen.

Aber - am Punkt **C** - verhalten Sie sich definitiv nicht selbstdiszipliniert. Ihre Bemühungen um eine gesunde Lebensführung sind weit vom Idealzustand entfernt, Sie verbringen zuviel Zeit mit ausgedehnten, angenehmen Mittagspausen am Tage und mit Computerspielereien (oder ähnlichem) bis in die Nacht. Wenn wichtige Konferenzen oder Besprechungen angesetzt sind, kommen Sie gewöhnlich etwas zu spät oder sagen erst in letzter Minute ab.

Was sagen Sie nun - am Punkt **B** - zu sich selbst, um sich am Punkt C so undiszipliniert zu verhalten? Wahrscheinlich ist die Philosophie des Kurzzeit-Hedonismus vorzufinden! Zum einen besänftigen Sie sich mit kurzsichtigen hedonistischen Einstellungen. Sie sagen sich zunächst vernünftigerweise: „Oh Mann! Es ist wirklich schwer, sich zusammenzureißen! Ich habe einfach nicht genug Zeit,

- um täglich wenigstens eine halbe Stunde ins Fitness-Studio zu gehen (was meiner Gesundheit und meinem Aussehen förderlich wäre),
- meiner Frau und meinen Kindern eine oder zwei Stunden zu widmen (was mein Familienleben harmonischer gestalten würde),
- mich zu entspannen und zu erholen (was es mir viel leichter machen würde, arbeitsreiche Tage zu bestehen).

Wenn der Tag auch 36 Stunden hätte, würde mir das wohl immer noch nicht ausreichen! Was für große Einschränkungen für einen energiegeladenen, auf Vergnügen und Leistung bedachten Burschen wie mich! Wie bedauerlich!"

Solange Sie bei dieser vernünftigen und realistischen Einstellung - am Punkt **B** - bleiben, werden Sie durchaus etwas unangenehme emotionale Consequenzen - am Punkt **C** - verspüren. Wir können diese Gefühle Frustration oder Irritation nennen, und damit könnten Sie ganz gut zurecht kommen.

Wir wissen aber, dass Sie am Punkt **C** noch unter ganz anderen Gefühlszuständen leiden, und dass ein im Grunde kluger Kopf wie Sie sich am Punkt C idiotisch benimmt, wenn er sich durch sein unsinniges Verhalten nicht nur übermäßig rebellisch auflehnt, sondern auch noch aktiv selbst sabotiert. Deshalb sollten wir jetzt besser nach den höchst irrationalen Überzeugungen suchen, die Sie ebenfalls am Punkt **B** haben. Dieses Bündel von Überzeugungen sieht wahrscheinlich etwa so aus:

„Es ist entsetzlich schwierig, sich im Griff zu haben. Ich sollte mich nicht an diese schrecklichen Zeitbeschränkungen halten müssen. Ich brauche einfach mehr Zeit als tatsächlich vorhanden ist! Wenn man bedenkt, wie hart ich arbeite und wie talentiert ich bin, dann sollte mir das Leben etwas entgegenkommen und einfach nicht so unfair sein!"

So schädigen wir uns selbst, indem wir uns in eine störrische Verweigerungshaltung gegenüber der Realität bringen, die Grenzen der Realität nicht wahrhaben wollen.

Die Folge dieser Philosophie sind Wut und Ärger auf sich selbst und die schuldlosen Familienmitglieder oder die Entwicklung einer gefährlichen resignativen und depressiven Stimmung.

Daher stellen Sie Ihre selbstschädigenden Einstellungen nunmehr energisch in Frage:

- **Frage: „Wieso ist es entsetzlich schwierig, sich im Griff zu haben?"**

- Antwort: „Das ist es nicht! Tatsächlich ist es viel schwerer, sich nicht im Griff zu haben. Wieso das? Nun, Handeln nach dem Motto vom geringsten Widerstand läuft auf den Grundsatz des äußersten Widerstandes gegen meine eigene Lebensplanung hinaus: Denn kein anderer als ich will seine gute Gesundheit erhalten, will ein zufriedenstellendes Familienleben führen und will sich seinen beruflichen Aufgaben klug und gewissenhaft widmen. Wenn ich diese Ziele kurzsichtig torpediere, sollte ich mir lieber andere Ziele setzen und meine Mitgliedschaft im Fitnessstudio kündigen, mich scheiden lassen und ein nettes, gemütliches Pöstchen im öffentlichen Dienst (oder etwas in dieser Art) suchen. Wenn ich aber physische Fitness, ein harmonisches Familienleben und die Bereitschaft für eine Führungsposition gewählt habe, dann kann ich nicht gleichzeitig Fitnessprogramme und Familienleben und nächtliche Computersitzungen wählen. Also: Zu schade, dass ich nicht alle diese Dinge zugleich haben kann, aber was nicht geht, geht einfach nicht! C'est la vie!"

• Frage: „Wer sagt, dass ich so schreckliche Zeitbeschränkungen nicht haben darf?"

• Antwort: „Niemand sagt das außer mir selbst – ziemlich dumm von mir! Theoretisch muss ich eigentlich überhaupt nichts müssen: Ich muss nicht leben, ich muss meinen Arbeitsplatz nicht behalten, ich muss nicht erfolgreich sein usw. Wenn ich mich aber einmal dazu entschieden habe, leben zu wollen, dann folgen daraus Notwendigkeiten: z.B. zu essen und zu trinken. Und wenn ich mich einmal entschieden habe, eine Frau und eine Familie zu haben oder eine kompetente Führungskraft zu werden, dann muss ich mich auch wohl oder übel an die zeitlichen Regeln halten, die sich fast automatisch aus solchen Entscheidungen ergeben. Solche Zeitlimits unmöglich und schrecklich zu nennen, ist dann unsinnig. Sie sind vielleicht lästig und schränken mich ein. Ich werde an zeitlichen Beschränkungen keine Freude haben. Unmöglich aber meint in Wirklichkeit, dass sie nicht existieren dürften, weil sie lästig und einengend sind. Doch wer bin ich denn, lästigen Dingen die Existenz zu verbieten? Wenn ich einmal über die ganze Welt herrsche, dann werde ich vermutlich alles so einrichten, dass es solche frustrierenden Beschränkungen nicht mehr gibt – zumindest nicht für mich! Bis es soweit ist, sollte ich aber doch lieber akzeptieren, dass es sie gibt!"

• Frage: „Warum muss ich jeden Tag mehr Zeit haben als aktuell zur Verfügung steht?"

• Antwort: „Weil ich der liebe Gott bin? Weil die normalen Regeln auf der Welt für eine so hochwohlgeborene Person wie mich keine Gültigkeit haben? Weil ich – grandios wie ich bin – eine besondere Behandlung durch alle Welt verdiene? Was für ein Unfug! Gleichgültig wie talentiert ich wäre, bin ich doch deshalb immer noch keine bessere Person – allenfalls eine Person, die einige besonders positive Eigenschaften hat. Und gleichgültig wie viele besondere Eigenschaften ich haben mag, so lebe ich doch immer noch in der normalen Welt und bin deren Regeln und Wechselfällen unterworfen. Die Erde bewegte sich auch ohne Rücksicht auf das Genie eines Beethoven, Einstein oder Picasso. Warum sollte sie also ihren Lauf für mich ändern?"

• Frage: „Ist es wahr, dass das Leben mir gegenüber einfach nicht so unfair sein darf, wenn man bedenkt, wie begabt ich bin und wie hart ich arbeite?"

• Antwort: „Natürlich darf die Welt unfair sein, auch wenn ich das niemals schön finden werde! Ist es aber überhaupt unfair, wenn ich nur ungefähr 75-80 Jahre leben kann und das jeweils nur 24 Stunden pro Tag? Wenn es fair vom Leben war, dass ich geboren wurde, warum sollte es dann in meinen Augen ungerecht und unfair sein, an die Gesetze menschlichen Lebens gebunden zu sein, in die ich hineingeboren wurde? Und selbst einmal angenommen, zeitliche Beschränkungen wären mir gegenüber tatsächlich unfair (weil ich ohne sie glücklicher wäre), wer sagt, dass es keine Ungerechtigkeit geben darf? Jesus? Buddha? Die haben sehr viel mehr davon verstanden! Denn es gibt Ungerechtigkeiten. Und sie werden mich Zeit meines Lebens begleiten. Das ist sicher hart! Also, dann bleibe ich wenigstens mir selbst gegenüber fair und akzeptiere die unvermeidbaren Schwierigkeiten der menschlichen Existenz. Ich muss mich ja nicht darüber freuen!"

Eine neue Lebensphilosophie

Das Rationale Effektivitäts-Training (R.E.T.) zeigt, wie Sie mit der logischempirischen Methode des Fragens und In-Frage-Stellens Ihre irrationalen Überzeugungen (am Punkt B) disputieren (am Punkt D), so dass Sie schließlich (am Punkt E) zu einer neuen Einstellung und Lebensphilosophie gelangen. Nämlich, dass es zwar hart ist, zeitliche Grenzen zu akzeptieren und sich selbst soweit zu disziplinieren, dass man kurzfristige Vergnügungen zugunsten längerfristiger Ziele aufgibt. Aber auch, dass es nicht zu hart ist, wenn man seine langfristigen Ziele wirklich erreichen will und sich damit gegen einen kurzsichtigen Hedonismus entschieden hat. Disziplin fordert eigentlich immer gewisse Opfer. Wenn Sie nicht bereit sind, diese zu erbringen, dann sollten Sie auch nicht über die Nachteile jammern, die sich aus einem Mangel an Disziplin ergeben.

Sucht nach Anerkennung

Wie steht es mit der Sucht nach Bestätigung durch andere Menschen? Wie spielt das in diese sensible Selbstregulation hinein?

Nehmen wir an, Sie haben - wieder am Punkt A - dieselbe anspruchsvolle Familie, kranke Eltern, mit Ihrer Fortbildung zu tun und Probleme in Ihrer leitenden Position. Und Sie verhalten sich – am Punkt C – im Umgang mit Ihren Aufgaben undiszipliniert. Diesmal aber nicht, weil Sie kurzfristigen Vergnügungen den Vorzug geben, sondern weil Sie ein „Anerkennungssüchtiger" sind. Anstatt sich darum zu kümmern, wofür Sie sich ursprünglich entschieden haben, nehmen Sie jede Einladung

Ihrer Freunde an, opfern für die Pflege Ihrer sozialen Kontakte Zeit im Übermaß und vernachlässigen dadurch zwangsläufig alle anderen Aufgaben. Zu diesem selbstschädigenden Aktionismus führt die folgende irrationale Lebensphilosophie:

„Ich brauche die Anerkennung meiner Freunde und Bekannten, und es ist entsetzlich, dass ich nicht genügend Zeit habe, mich um sie ausgiebig zu kümmern. Ich kann diesen Zustand nicht ertragen, deswegen muss ich alle Einladungen meiner Freunde annehmen, auch wenn ich weiß, dass ich mir diesen Zeitaufwand nicht leisten kann."

Dieses irrationale Denkmuster ermutigt - nein, zwingt Sie praktisch dazu, unsinnig viel Zeit mit Ihren Freunden zu verbringen und viele wichtige Aufgaben, die Sie als Manager besser erledigen sollten, zu vernachlässigen.

R.E.T. hilft, „Anerkennungssucht" auf verschiedene Weise in Frage zu stellen und zu überwinden. Zunächst öffnet es Ihnen die Augen, dass **A** nicht zwangsläufig zu **C** führt und dass Ihr Hauptproblem, dass Sie so vielfältig beansprucht sind, Sie nicht disziplinlos macht. Dann weist es Ihnen einen Weg, auf **B** zu achten - Ihre rationalen und irrationalen Überzeugungen, die tatsächlich zu den Consequenzen führen, die Sie bei **C** erleben. Sie erkennen, dass irrationale Überzeugungen lediglich Hypothesen, Konstrukte und Annahmen sind - keineswegs also Fakten oder Daten -, und dass sie deshalb immer infrage gestellt und verändert werden können. Schließlich bietet es eine logische und empirische Methode, diese Hypothesen am Punkt **D** zu disputieren, bis Sie zuletzt erkennen, dass sie nicht gültig sind. Dann können Sie auf sie verzichten.

Das R.E.T. versetzt Sie in die Lage, Ihre zwanghafte Sucht nach Anerkennung wie folgt zu disputieren:

• Frage: „Wieso ist es schrecklich, dass ich nicht soviel Zeit für meine Freunde und Bekannte habe, wie ich mir wünsche?"

Disputation der Sucht nach Anerkennung

• Antwort: „Es ist ebenso wenig schrecklich, hierfür wenig Zeit zu haben, wie es auch nicht schrecklich ist, wenig Zeit zum Klavierspielen oder Fußballspielen zu haben. Das einzige, was ich im Leben verlieren kann, ist Vergnügen. Aber: Um in den Genuss von Vergnügen A zu kommen, muss ich oft etwas Vergnügen B, C und D aufgeben. Wenn ich meine Freunde nicht so oft sehe, wie ich es mir wünsche, werde ich das entbehren müssen; das ist aber auch alles, was es für mich bedeutet. Ich werde jedoch lieber etwas von ihrer Gesellschaft entbehren als davon, eine enge Beziehung zu meiner Frau und meinen Kindern zu haben, meinen Eltern vor ihrem Tod noch etwas Freude zu bereiten, diese Fortbildung abzuschließen, die mir bedeutend bei meiner Arbeit helfen wird, mich meinen Arbeitsaufgaben zu widmen und mich bewusst zu einer Führungskraft zu entwickeln. Wenn das Leben schon einige große Entbehrungen mit sich bringt, warum sind gerade diese so schrecklich? Offensichtlich sind sie es nicht!"

• Frage: „Wo ist der Beweis dafür, dass ich mehr Anerkennung von meinen Freunden und Bekannten brauche, und dass es entsetzlich ist, wenn ich nicht genügend Zeit habe, mich darum zu kümmern?"

• Antwort: „Brauche? - Jauche!" Brauchen ist nur ein Kurzwort für Notwendigkeit. Ist es wirklich notwendig, dass ich von meinen Freunden und Bekannten mehr Anerkennung bekomme? Werde ich ohne sie sterben? An Krebs erkranken? Selbstverständlich nicht! Ich habe es noch nicht einmal nötig, ein erfolgreicher Manager zu werden. Ich will es aber werden; und wenn ich das wirklich will, sollte ich diesem dummen „Brauchen" besser keinen Einfluss geben. Sicher wäre es nett und angenehm, wenn ich soviel Zeit hätte,

1. eine hervorragende Führungskraft zu werden und
2. mehr Bewunderung und Anerkennung von meinen Freunden zu bekommen.

Es ist aber kaum entsetzlich, wenn ich nicht ständig beides erhalte!

• Frage: „Wieso kann ich diesen Zustand nicht ertragen? Wieso kann ich nicht ertragen, was ich nicht mag?"

• Antwort: „Offensichtlich glaube ich, dass ich ein Baby bin, das exakt das bekommen muss, was es will, und zwar sofort; und es ist diese meine verrückte Überzeugung, die mich keinerlei Frustration aushalten lässt. Nun, bin ich ein Baby? Völlig klar, ich bin kein Baby. Wenn ich aber weiter glaube, eins zu sein, und mich weiter so benehme, wird man mich kaum von einem Baby unterscheiden können, ganz gleich wie alt ich gerade bin!"

Neue Lebensphilosophie

Wenn Sie das irrationale Denkmuster, das Ihre Sucht nach Anerkennung verursacht und deshalb auf Ihre Selbstdisziplin störenden Einfluss hat, beharrlich disputieren, werden Sie schließlich am Punkt **E** eine neue Einstellung entwickeln: „In der Tat, es wäre schön, wenn meine Freunde und Bekannten mich anerkennen würden, und wenn ich mehr Zeit mit ihnen verbringen könnte, um mich dieser Wertschätzung zu versichern - aber schön heißt nicht notwendig. Ich kann ein sehr gutes Leben führen, mit oder ohne ihren Beifall.

Und es gibt da noch andere Ziele, wie z.B. als erfolgreicher Manager tätig zu sein, die in einigen Bereichen noch mehr Freude machen als die Bewunderung von anderen, und die bestimmt weniger abhängig machen. Warum also entscheide ich mich nicht dafür, einige Zeit mit meinen Freunden zu verbringen und etwas Anerkennung von ihnen zu bekommen, mir aber andererseits die nötige Zeit für das Erreichen meiner übrigen Lebensziele zu nehmen?"

Übertriebene Selbstdisziplin

Angenommen, Sie entwickeln diese Lebensphilosophie: Dann werden Sie mit maßvoller Selbstdisziplin ausgestattet sein. Sie werden auch vor übertriebener Disziplinierung geschützt sein. Denn übermäßige Selbstdisziplin ist ebenfalls eine typische Folge der „Anerkennungssucht". In dieser Variante hat jemand am Punkt **A** gute Gründe für seine Lebensplanung und -regulierung, ebenso für das Aufgeben einiger gegenwärtiger Vergnügungen zugunsten zukünftiger Belohnung, bei **C** aber verhält sich die Person auf höchst asketische, automatenhafte und freudlose Weise. Sie erlaubt sich praktisch keinerlei Vergnügungen, trifft sich niemals mit ihren Freunden, geht nur noch frühmorgens zur Arbeit und spät abends heim. Aber sie nimmt zu dieser extremen Lebensweise Zuflucht, nicht weil sie diese Art zu leben innerlich mag, sondern weil sie (am Punkt **B**) die irrationale Einstellung hat: „Ich muss absolut selbstdiszipliniert sein. Niemand wird mich respektieren, wenn ich mir auch nur die kleinste Nachlässigkeit erlaube. Was für ein Versager wäre ich, wenn ich auch nur ein wenig vom Pfad der eisernen Selbstdisziplin abweichen würde und kein 110-prozentig funktionierender Manager wäre!"

Diese Art Gedanken sind deswegen so nahe an „Anerkennungssucht", weil sie im wesentlichen verlangen, dass man sich vollständig selbst kontrolliert – nicht aus praktischen Gründen oder um spätere Lebensfreude zu ermöglichen, sondern damit die Anderen uns bewundern und respektieren und man somit schließlich in den Himmel kommt als Belohnung für diese eiserne Haltung. Ein solcher Mensch diszipliniert sich daher nicht zum eigenen Vorteil, sondern für ein Bild, das die anderen von ihm haben sollen: Das ist der „Stoff", aus dem „Anerkennungssucht" gewebt ist.

Wir sehen also, dass sowohl zu wenig wie auch zuviel Selbstdisziplin emotional ungesund sein und die Führungs- (und persönlichen) Qualitäten beeinträchtigen kann. Für einen psychisch stabilen Menschen besteht das grundsätzliche Lebensziel darin, seine kurzfristigen und langfristigen Freuden zu steigern, nicht aber darin, Erfolge um der Erfolge willen zu erreichen, damit andere uns anbeten.

Was andere von uns erwarten, mag interessant und (wenn es irgendwie für die eigene Lebensplanung brauchbar ist) auch wertvoll sein. Dennoch bleibt die Hauptfrage des Lebens: Was wollen Sie wirklich aus der einzigen Existenz machen, die Sie haben? Selbstdisziplin ist der Schlüssel zur Beantwortung dieser Frage.

6 Selbstakzeptanz: Krone des Managertums

Die wertvollste menschliche Eigenschaft – für den Manager wie auch für fast alle Menschen – dürfte die vollständige Selbstakzeptanz sein. Aber die meisten Menschen scheinen weder darüber zu verfügen, noch überhaupt zu wissen, was es bedeutet. Das ist kaum verwunderlich, da auch nur wenige Psychologen zu wissen scheinen, was Selbstakzeptanz ist. Ständig gehen Begriffe wie „Selbstwert", „Selbstvertrauen", „Selbstachtung", „Selbstbestätigung", „Selbstliebe" und ähnliches durcheinander, die in vielfacher Hinsicht nicht nur eine andere, sondern oft sogar eine gegensätzliche Bedeutung als Selbstakzeptanz haben.

USA

Unbedingte Selbst-Akzeptanz (USA) bedeutet im wahrsten Sinne des Wortes, dass das Individuum sich selbst vollständig akzeptiert, seine Existenz, sein Wesen, sein Dasein, ohne jede wie auch immer gearteten Voraussetzungen oder Bedingungen. Was wir üblicherweise „Selbstvertrauen" oder „Selbstwert" nennen, ist dagegen stark mit Bedingungen verbunden. Wenn Sie sich nämlich selbst vertrauen oder sich selbst schätzen, tun Sie das fast immer aus einem bestimmten Grund: weil Sie etwas gut machen, Leistung erbringen, gelobt werden etc. Und weil das so ist, heißt das doch auch, dass Sie Selbstvertrauen oder Selbstwert wieder verlieren, wenn Sie auf diesem Gebiet Gefahr laufen, weniger zu leisten oder nicht gelobt werden.

Der Seniorautor Albert Ellis hat schon 1962 in seinem Buch „Reason and Emotion in Psychotherapy"[8] diesen Unterschied deutlich gemacht. Er differenziert zwischen

1. Vertrauen in die Arbeits- oder Leistungsfähigkeit
2. Vertrauen in die Liebesfähigkeit und
3. Selbstvertrauen.

Vertrauen in die Arbeits- oder Leistungsfähigkeit heißt im wesentlichen, dass Sie zu sich sagen: „Ich habe diese Aufgabe schon öfter gemacht und sie gut bewältigt, und deshalb traue ich mir zu, sie auch jetzt wieder zu schaffen." Vertrauen in die Liebesfähigkeit heißt in etwa: „Ich konnte schon beim letzten Mal die Liebe und Wertschätzung dieser Person(en) gewinnen, und deshalb bin ich mir ziemlich sicher, es auch jetzt wieder zu können." Weder Leistungs- noch Liebes-Zuversicht können Ihnen jedoch wahres Selbstvertrauen oder eine Art Selbstwertgefühl verschaffen, da sie implizieren: „Wenn ich meine gute Leistungsfähigkeit oder die Zuneigung anderer Leute verliere, bin ich ein ziemlich wertloser Mensch. Denn nur dafür, dass ich etwas leiste, und dass ich anerkannt

[8] *deutsch: Grundlagen und Methoden der Rational-Emotiven Verhaltenstherapie*

werde, spreche ich mir einen Wert zu." Wahres Selbstvertrauen hingegen bedeutet: „Ich bin fest entschlossen, mich immer zu akzeptieren, egal ob ich bei einer Aufgabe Erfolg habe oder nicht, egal ob ich die Anerkennung anderer erlange oder nicht."

Wirkliches Selbstvertrauen hängt also nicht mit irgendwelchen äußeren Erfolgen zusammen, sondern es wird erst durch diese Klarstellung, also per definitionem erreicht. Ich akzeptiere mich deshalb vollständig, weil ich mich dafür entschieden habe, mich vollständig zu akzeptieren; und dafür brauche ich keinen besonderen Grund.

Während der Arbeit an dem o.g. Buch löste sich der Seniorautor Albert Ellis sowohl von dem Begriff Selbstvertrauen und den verwandten Begriffen Selbstachtung, Selbstliebe und Selbstbestätigung, als auch von dem Begriff „unbedingte positive Wertschätzung" des Psychotherapeuten Carl Rogers, da alle diese Bezeichnungen beinhalten, dass die Menschen sich in einer gewissen Weise einstufen, bewerten oder messen sollen, und das kann nur im Zusammenhang mit irgendeiner Leistung erfolgen: Wenn ich große Selbstachtung oder eine hohe Meinung von mir selbst habe, muss ich irgendetwas tun, um sie zu verdienen. - Vergleiche die scherzhafte Frage: „Verdienen Sie Ihr Geld - oder bekommen Sie es nur?"

Umgekehrt verliere ich meine Selbstachtung, wenn ich beim nächsten Mal versage. Darüber hinaus befinde ich mich ständig in Angst, mein Selbstwertgefühl wieder zu verlieren, falls ich zukünftig etwas nicht schaffen werde, selbst wenn ich momentan eine hohe Meinung von mir habe. Auf diese Art ist das Problem einer beständigen und vollständigen Selbstakzeptanz also nicht zu lösen.

Daher ging Ellis dazu über, den Begriff Selbstakzeptanz zu verwenden, weil er der Meinung ist, dass dies ein neutrales Wort ist, ohne stillschweigend irgendeine Bewertung zu beinhalten. Der Begriff Selbstwert dagegen impliziert eben auch Selbst-Unwert. Ferner lehnt er jede Form der Selbstbewertung ab, da es hierfür keine philosophische Grundlage gibt.

Denn es ist unmöglich, sein Selbst oder sein Wesen zu bewerten, da es sich um einen stetigen komplexen Entwicklungsprozess auf Hunderten bis Tausenden von Ebenen und Bereichen der Persönlichkeit handelt. Es gibt also weder einen festen Messzeitpunkt noch ist klar, was gemessen werden soll. Meine Fähigkeiten beim Tennisspielen, in meinem Beruf, in meinem Auftreten oder bei fast jeder anderen Eigenschaft können vielleicht irgendwie bewertet, gemessen oder definiert werden; aber selbst wenn ich alle diese Beurteilungskriterien jetzt und für die Zukunft genau kenne, wie sollte es mir dann möglich sein, eine globale Bewertung meiner gesamten Person, meines Selbst, meines Wesens vorzunehmen?

Globale Selbstbewertungen beinhalten darüber hinaus stets eine Art Vergötterung oder Verteufelung. Der wahre Grund, warum ich über mich sagen will: „Ich bin gut, weil ich dies oder jenes gut gemacht habe," liegt nämlich darin, dass ich beweisen will, besser als Du, aber tatsächlich auch besser als alle anderen zu sein und damit die Berechtigung zu haben, in den Himmel zu kommen und Gottes rechte Hand zu sein. Umgekehrt besteht – wenn wir ehrlich sind – der wahre Grund, über mich zu sagen „Ich bin schlecht, weil ich diese oder jene schlechte Eigenschaft habe," darin, dass ich beweisen will, schlechter als Du und alle anderen zu sein, und dass ich es daher verdiene, in die Hölle zu kommen.

Albert Ellis und Robert Harper geben in ihrem Buch „A Guide to Rational Living" ein Beispiel für eine mögliche Lösung der Selbstbewertungsproblematik: Sie besteht darin, dass Sie zwar Ihre Eigenschaften und Leistungen bewerten, nicht aber Ihr Selbst oder höchstens etwa in dem Sinne, dass Sie sagen: „Ich bin gut, nicht weil ich etwas gut kann oder von anderen geliebt werde, sondern weil ich existiere – weil ich lebe. Mein Wert besteht in meiner Existenz. Punkt!"

Das ist eine sehr praktische Lösung des Problems menschlichen Wertes indem der Wert einfach festgesetzt wird, und zwar unabhängig von allem, was man tut oder was andere Menschen von einem halten. Diese Setzung spricht uns so gesehen einen Wert auf Lebenszeit zu – was kann größere Sicherheit geben?

Philosophische Selbstakzeptanz

In seinen neueren Veröffentlichungen hat Ellis eine noch elegantere Lösung dieses Problems entwickelt. Vom philosophischen Standpunkt betrachtet ist es nämlich unhaltbar, zu sagen: „Ich bin gut, weil ich lebe," oder „Ich bin eine wertvolle Person, weil ich existiere".

Das wäre eine Hypothese, die weder bewiesen noch widerlegt werden kann. Sie könnten ebenso gut behaupten: „Ich bin schlecht, weil ich lebe," was ebenfalls nicht überprüfbar wäre. Die elegantere Lösung empfiehlt daher konsequenterweise, sich insgesamt überhaupt nicht zu bewerten, sondern immer nur Eigenschaften, Charakterzüge, Handlungen und Verhaltensweisen

Folglich können Sie berechtigterweise sagen:

1. „Ich lebe.
2. Ich habe mich dafür entschieden, weiter zu leben.

3. Solange ich lebe, wünsche ich mir möglichst wenig Schmerz oder Kummer und möglichst viel Freude.
4. Ich will deshalb herausfinden, wie ich es erreichen kann, meine Sorgen zu verringern und mein kurz- und langfristiges Vergnügen zu vermehren."

Mit dieser philosophischen Grundhaltung können Sie problemlos beliebig viele Eigenschaften bewerten. Z.B. dass Sie gut rechnen und Fußball spielen können, aber schlecht in Rechtschreibung und beim Tennis sind. Dann können Sie nach Möglichkeit versuchen, die schwachen Leistungen zu verbessern und mit den schlechten Eigenschaften versöhnlich umzugehen – z.B. bei ausgeprägter Rechtschreibschwäche besser nicht Sekretärin zu werden. Auf diese Weise müssen Sie sich insgesamt, Ihr ganzes Wesen und Ihre ganze Existenz niemals bewerten. Oder, anders ausgedrückt: Sie könnten sich, Ihr Leben und Ihre Existenz immer akzeptieren und sich vornehmen, so viel Freude wie möglich am Leben zu haben, unabhängig von der Bewertung Ihrer einzelnen Eigenschaften. Natürlich würden Sie lieber bestimmte allseits bewunderte „gute" Fähigkeiten haben (z.B. ein guter Sportler zu sein), weil solche Merkmale oft zur Steigerung der Lebensfreude beitragen. Sie würden diese „guten" Fähigkeiten aber nicht brauchen, um sich einen Wert zu geben oder sich zu akzeptieren.

Dieses vollständige, bedingungslose Akzeptieren der eigenen Person und Existenz nennen wir Selbstakzeptanz.

Aber selbst der Satz „Akzeptiere Dein Selbst" oder der Begriff „Selbstakzeptanz" haben bestimmte Grenzen und sind ungenau. Das „Selbst" oder „Ich" eines Individuums kann nämlich kaum definiert werden und unterscheidet sich kaum von der „Seele" – einem überwiegend theologischen Begriff ohne empirischen Hintergrund. Wenn Sie es mit der philosophischen Lösung ganz genau nehmen wollen, werden Sie sich nämlich weder selbst akzeptieren noch ablehnen. Sie werden hingegen die Tatsachen akzeptieren, dass Sie leben, bestimmte Eigenschaften haben, ja auch, dass Sie mit einigen schwachen und unerwünschten Eigenschaften leben. Sie werden weiter das „Gute" oder das „Schlechte" - genauer gesagt die Effektivität oder Ineffektivität - dieser Eigenschaften akzeptieren, je nachdem, ob diese Ihre Lebensziele unterstützen oder sabotieren.

Wenn Sie sich dieser Form von „Selbstakzeptanz" oder besser Ich-Akzeptanz verschreiben, wird es Ihnen nicht schwer fallen, zwar das Negative von vielen Ihrer Eigenschaften zu erkennen und zu versuchen, diese zu verändern, andererseits sich dabei aber insgesamt zu akzeptieren. Wenn die Eigenschaften, deren Existenz Sie nicht mehr leugnen und insofern akzeptieren, nicht Ihren Wunschvorstellungen entsprechen, so werden Sie diese verändern – sofern möglich. Sie können sich also konsequent als Person vollständig akzeptieren und gleichzeitig einige Ihrer negativen Verhaltensweisen nicht akzeptieren. Sie können hartnäckig daran arbeiten, sich insgesamt zu akzeptieren, während Sie gleichzeitig versuchen, die schwache Seiten Ihres Verhaltens zu verbessern, mit denen Sie sich nicht abfinden wollen.

Dieser Aufgabe sollten Sie sich vor allem stellen, wenn Sie ein erfolgreicher Manager und ein relativ glücklicher Mensch werden wollen. Als Manager sind Sie ständig mit Verhaltensweisen konfrontiert, die Sie nicht akzeptieren wollen, wie z.B. Ihre Trägheit, Inkompetenz, mangelnde Selbstdisziplin, Schwierigkeiten mit Mitarbeitern und Selbstabwertung. Folgerichtig werden Sie hart daran arbeiten wollen, einige dieser Eigenschaften zu minimieren oder ganz zu beseitigen. Es ist aber unwahrscheinlich, dass Sie das erreichen, wenn Sie sich ständig selbst wegen dieser Gewohnheiten tadeln. Wenn Sie sich wegen einer fehlerhaften, selbstschädigenden Handlung zur Null erklären, wie können Sie als Null das dann in Zukunft besser machen? Jeder, der sich als Versager bezeichnet, weil er versagt hat, wird wegen seines Versagertums voraussichtlich auch zukünftig weiter versagen, wie die Psychologie der Sich-selbst-erfüllenden-Prophezeiung lehrt.

Nur wenn Sie zunächst sich selbst, Ihr ganzes Wesen einschließlich Ihrer negativen Eigenschaften akzeptieren, werden Sie wahrscheinlich in die erforderliche Stimmung gelangen und die erforderliche Energie aufbringen können, diese ungünstigen Merkmale zu verändern. Je mehr Sie sich wegen Ihrer Erfolglosigkeit kasteien, desto erfolgloser werden Sie aller Voraussicht nach werden.

Geltungssucht

Selbsterniedrigung führt im Laufe der Zeit außerdem noch zu einer anderen Form von persönlicher Unsicherheit: zu zwanghafter „Selbstbeweihräucherung". Wenn Sie meinen, als Mensch nichts zu taugen, weil Sie törichte oder fehlerhafte Dinge gemacht haben, werden Sie sich ständig gedrängt fühlen, zu beweisen, dass Sie wirklich etwas wert sind; und das werden Sie üblicherweise dadurch versuchen, dass Sie sich bevorzugt mit Dingen beschäftigen, die Ihr Ego aufblähen und für die Sie sich dafür unentwegt selbst auf die Schulter klopfen. Wenn Sie Ihre undisziplinierten Seiten nicht akzeptieren können, werden Sie also dazu tendieren, zu viel zu reden, zu viel zu arbeiten oder zum ausgesprochenen Egozentriker zu werden, der alle mit seiner „Größe" beeindrucken will – und sie und sich selbst damit davon ablenkt, wie faul er wirklich ist.

Solche Versuche, das Ego aufzupolieren sind wahrscheinlich sehr verbreitet. Sie stellen große Hindernisse für eine erfolgreiche berufliche Tätigkeit dar. Gerade für Führungskräfte wäre es besser, wenn sie ihre Entscheidungen und sonstigen Aktivitäten daran orientierten, wie sich der voraussichtliche Nutzen für sie und ihre Firma darstellt, statt sich danach zu richten, wie großartig sie sich vorkommen. Manager, die hauptsächlich dafür arbeiten, sich selbst zu bestätigen oder um von anderen bewundert zu werden, werden kaum effektiv und sinnvoll arbeiten. Zudem wird ein solcher Mensch nicht in der Lage sein, seine Fehler einzugestehen und so gut wie möglich zu korrigieren, wenn er ständig versucht, sein Ego dadurch aufzubauen, dass er behauptet, niemals ernsthafte Fehler zu machen, oder die Verantwortung für Fehler anderen zuzuschieben. Wie gesagt - wenn jemand ständig der Anerkennung, Bestätigung und Belohnung durch andere hinterher jagt, macht er sich von ihnen abhängig - gerade auch von nachgeordneten Mitarbeitern, sodass diese ihn nicht mehr ernst nehmen und/oder seine Anweisungen nicht beachten. Vor die Wahl gestellt, sich entweder als großartig und beliebt darzustellen, oder Angelegenheiten prompt und zuverlässig zu erledigen, entscheiden wir uns besser für den zweiten Weg, sonst sind wir höchstens auf dem Papier Manager.

Ist es aber nicht doch so, dass ein kraftvoller Ego-Trieb bzw. Geltungssucht einen sehr wichtigen Motivationsfaktor für die Leistungsbereitschaft derjenigen darstellt, die meinen, an die Spitze kommen zu müssen, um anderen zu zeigen, was für wertvolle Menschen sie sind? Haben sie damit nicht größere Erfolgsaussichten als diejenigen, die nicht so stark motiviert sind, anderen zu beweisen, dass sie besser sind?

Ja und nein. Zweifellos haben viele Menschen große Hürden überwunden und gewaltige Organisationen geschaffen, weil sie sich dadurch einen Platz an der Sonne erhofft haben. Sie konnten sich nicht vorstellen, ohne diese Erfolge wertvolle Menschen zu sein.

Aber halt! Die meisten auf diese Weise erfolgreichen Leute haben es geschafft trotz ihres Ego-Trips, aber nicht deswegen. Zehn- oder zwanzigmal so viele hochbegabte Individuen mit derselben Selbstwertstörung sind auf ihrem Weg gescheitert und haben überhaupt nichts erreicht, weil sie zu perfektionistisch, zu ängstlich waren, und zu stark an ihren Fähigkeiten zweifelten. Viele blieben überhaupt auf der Strecke - sie brachten sich z.B. mit Alkohol um oder wurden kleine Beamte -, hauptsächlich weil sie es nicht ertragen konnten, weiterhin eine Führungsposition innezuhaben, in der sie doch so verzweifelt Erfolg haben mussten.

Zum zweiten wird von den Menschen, die aus Geltungssucht hohe Positionen anstreben, gewöhnlich ein zu hoher Preis bezahlt. Sie sind ständig aufgeregt, sie haben Schwierigkeiten in ihren sozialen Beziehungen, sie sind immer noch unzufrieden, auch wenn sie „Erfolg" hatten, und manchmal erreichen sie Ziele von zweifelhaftem Wert. Wie motivierend ihre Selbstgefälligkeit und Geltungssucht auch sein mag - ist dieses Spiel mit dem Feuer die Sache wirklich wert?

In jedem Fall täte ein effektiver Manager besser daran, sich selbst zu akzeptieren als sich selbst zu bewerten. Er fährt am besten damit, wenn er konsequent seine langfristigen Ziele verfolgt und auf Feindseligkeit und Aggressivität verzichtet, also nicht andere brutal erniedrigt oder als Individuen degradiert, nur weil sie andere Meinungen oder Ziele haben.

Und wie können wir das letztendlich erreichen? Indem wir die beiden größten Hemmnisse der Selbstakzeptanz abstreifen oder zumindest so klein wie möglich halten, welche die meisten von uns – ja, fast alle – haben: Das maßlose Bedürfnis, alles richtig zu machen und dadurch die Anerkennung der anderen zu gewinnen, und den Drang, sich selbst (und allen anderen) zu „beweisen", was für wahrhaft großartige Menschen wir sind. Wir wollen uns das an einem Beispiel verdeutlichen.

Markus H. war der Hauptmanager einer bekannten und expandierenden Computer-Firma. Trotz seiner Jugend (er war erst 29 Jahre alt) und eines Studienabbruches hatte er es geschafft, hervorragende Leistungen als Programmierer zu erbringen, in Verbindung mit zwei Freunden eine eigene Firma zu eröffnen und dann die Firmenleitung fast vollständig zu übernehmen. Niemand hatte Zweifel, dass er ein außerordentlich fähiger, fleißiger und energiegeladener Mensch war, auf den man sich immer verlassen konnte und von dem man annahm, dass er insbesondere mit Krisensituationen fertig werden würde und eine zunächst hoffnungslos erscheinende Problemkonstellation manchmal in großartige Erfolge verwandeln könnte.

Markus war jedoch scharfsinnig genug, eigene Grenzen zu erkennen. Als er zum ersten Mal zu einem Workshop für Manager und Führungskräfte in das DIREKT e.V. kam, druckste er zunächst lange herum, bevor er einige seiner eigenen Probleme ansprach (obwohl er sehr schnell und aufmerksam den anderen Gruppenmitgliedern bei ihren Problemen zu helfen wusste). Schließlich brachte er das vor, was ihn am meisten beunruhigte. Trotz seiner ungewöhnlichen Leistungsfähigkeit, so sagte er, und trotz der Tatsache, dass so viele andere (viele älter und wohlhabender als er) ihn respektierten und enorm bewunderten, habe er in Wirklichkeit immer dann, wenn er vor einer Gruppe seiner Mitarbeiter einen Vortrag halten musste, das Gefühl, dass die meisten Leute ihn wie die Pest hassen würden. Dann bekam er innerlich weiche Knie, obwohl er äußerlich einen starken Eindruck machte und litt unter Kopfdruck.

Das Aktivierende Ereignis (**A**) war in Markus Fall eigentlich nicht schädlich oder frustrierend. In den meisten Fällen hatte er immer Erfolg mit allem, was er anfing – auch in seinem sozialen, gesellschaftlichen wie privaten Leben, in dem er oft der strahlende Mittelpunkt war (besonders nach ein paar Drinks). Immer aber, wenn sich eine Situation so darstellte, dass er möglicherweise versagen könnte – oder er sie zumindest nicht 100% bestehen würde, wurde ihm sofort angst und bange, er begann, sich der Sache absolut nicht mehr gewachsen zu fühlen. Er meinte, anderen die ganze Zeit nur Theater vorzuspielen, und stellte sich vor, dass seine Bekannten und Freunde, wenn sie um diese Schwächen wüssten, ihn nicht mehr respektieren und ihm aus dem Weg gehen würden. Also war **A**, das Aktivierende Ereignis, jede Situation, die Markus vielleicht nicht gut bewältigen könnte, somit auch jede berufliche und private Situation, die er letztendlich regelmäßig meisterte.

C, die emotionale Consequenz, waren Markus Minderwertigkeitsgefühle. Merkwürdigerweise hatte er kein großes Vertrauen in seine Arbeits- oder Liebesfähigkeit, obwohl er im Leistungs- und Popularitätsbereich stets gut abschnitt. Denn selbst wenn er genau wusste, dass er die geschäftlichen Aufgaben, an denen er gerade arbeitete, erfolgreich abschließen würde, und selbst wenn er sich wohl bewusst war, dass die Menschen um ihn herum ihn wirklich gern zu mögen schienen und ihm nette Dinge sagten, hatte er das Gefühl, dass etwas an ihm grundsätzlich mies und er eine richtige „Mogelpackung" sei.

Bei **B**, in seinen Überzeugungen, hatte Markus zunächst die üblichen rationalen Gedanken. Diese wurden schnell klar, als er sie in dem Manager-Workshop näher ausführte. Sein innerer Dialog lautete oft: „Wenn ich bedenke, dass ich bisher die meisten Aufgaben im Leben so gut bewältigt habe, und dass mich so viele Leute wegen dieser Dinge schätzen und zu respektieren scheinen, so wäre es doch äußerst unangenehm, wenn ich diese bevorstehende Sache versaubeuteln würde und die Leute dann feststellen würden, dass ich im Grunde doch nicht so ein toller Hecht bin und sie sich schwer in mir getäuscht haben, als sie zu mir aufblickten."

Dies war eine durchaus gesunde und rationale Überzeugung von Markus, weil tatsächlich klar negative Reaktionen zu erwarten wären, wenn er eines dieser Riesengeschäfte, mit denen er immer gerade zu tun hatte, in den Sand setzen würde.

Die Menschen, mit denen er zusammenarbeitete, würden dann nämlich

1. sicher ein Stück weit ihr Vertrauen in seine fast krisensichere Fähigkeit, gewinnträchtige Arrangements zu treffen, verlieren;
2. ihre finanzielle Unterstützung, die er für die Durchführung der Geschäfte brauchte, abbauen;
3. sich aus einigen anderen gemeinsamen Unternehmungen zurückziehen;
4. ihn nicht mehr zu den Treffen der „High Society", die er gern besuchte, einladen;
5. ihn weniger häufig diesen sehr attraktiven und intelligenten Frauen, mit denen er sich gern verabredete, vorstellen; und
6. ihm verschiedene andere Gefälligkeiten vorenthalten.

Es würde also nicht allein Markus Prestige darunter leiden, wenn er in seinem geschäftigen Treiben schlechte Resultate bewirkte, sondern er würde darüber hinaus auch noch echte Nachteile zu spüren bekommen.

Markus gab auf unsere (D.S. und P.J.) Fragen und die Fragen der anderen Gruppenmitglieder zu, dass er sich, wenn er rigoros bei dieser rationalen Einstellung bleiben würde, „sehr enttäuscht und wirklich betroffen" fühlen würde. Sein zusätzliches Gefühl bestand jedoch, wie er eingestand, aus starker Angst und Selbst-Missbilligung. Das Problem lautete: Welche irrationalen Überzeugungen waren es, die diese Gefühle verursachten?

Nach einigem Nachfragen kam Markus selbstschädigendes Denkmuster zum Vorschein. Es sah größtenteils so aus: „Es wäre total schrecklich, wenn ich diesen besonderen Deal versauen würde, wo ich in der Vergangenheit doch so gut war und alle diese Leute mir vertrauen, dass ich auch jetzt wieder so gut bin. Ich könnte es einfach nicht ertragen, wenn sie sehen, wie unfähig ich wirklich bin, wenn ich auch oberflächlich einen so guten Eindruck mache. Wenn sie das einmal erkannt haben, werde ich niemals wieder auch nur ein Geschäft mit ihnen machen können. Und wenn ich es täte, würde ich sicherlich alles „vermurksen". Was bin ich nur für ein „Scheißkerl", dass ich den Leuten Kompetenz vorspiele, obwohl ich lediglich alles versauen kann und mich innerlich so unzulänglich und ängstlich fühle. Wie kann ich nur so ein Heuchler und Betrüger sein!"

Die Workshop-Teilnehmer und Trainer versuchten weiter, Markus dahingehend zu beeinflussen, diese irrationale Denkmuster aktiv in Frage zu stellen. Zuerst hatten wir in dieser Hinsicht große Schwierigkeiten mit ihm. Wir fragten ihn: „Ist es wirklich total schrecklich, wenn Sie dieses Geschäft in den Sand setzen, und damit die anderen, die sich wegen Ihrer bisherigen Erfolge auf Sie verlassen haben, enttäuschen und desillusionieren?" Er antwortete: „Ja, natürlich! Ich bin doch ein Versager und ein Schwein, weil ich sie alle getäuscht habe. Aber noch schlimmer, ja geradezu furchtbar ist es, dass ich ihr Vertrauen so mißbraucht und sie dermaßen verletzt habe!"

Anschließend zeigten wir Markus, wie er diese irrationalen Überzeugungen besser disputieren kann, weil er sie bei seinen eigenen Disputationsversuchen leider eher verstärkte als sie wirklich zu verändern. Die wichtigsten Disputationen, welche die Workshop-Teilnehmer vorschlugen und mit denen er sich letztendlich einverstanden erklärte, sahen wie folgt aus:

• Frage: „Warum wäre es total schrecklich, wenn ich dieses Geschäft in den Sand setzen würde, und damit die anderen, die sich wegen meiner bisherigen Erfolge auf mich verlassen haben, enttäuschen und desillusionieren würde?"

• Antwort: „Es wäre nicht schrecklich, aber es wäre wohl bedauerlich. Ja, die Leute, die Geschäfte mit mir machen, nehmen wohl mit Recht an, dass ich aufgrund meiner bisherigen Erfolge auch jetzt wieder erfolgreich sein würde, und sind deswegen möglicherweise sehr enttäuscht von mir und desillusioniert und hassen mich deswegen wie die Pest. So wird es vielleicht sein. Wenn sie aber versuchen, mich deswegen als ganzen Menschen abzuwerten, weil sie fälschlicherweise glauben, dass ich

1. immer erfolgreich sein muss und
2. ein Versager bin, weil ich in einem Punkt versagt habe, dann ist das ihr Problem. Ich muss dieser pauschalen Abwertung meiner Person bestimmt nicht zustimmen. Ich kann mich immer selbst akzeptieren, egal, was sie von mir denken."

• Frage: „Warum könnte ich es nicht ertragen, wenn die Leute, mit denen ich zu tun habe, erkennen, wie inkompetent ich eigentlich handele im Gegensatz zu meinem wundervollen oberflächlichen Eindruck?"

• Antwort: „Ich könnte es ertragen. Tatsächlich könnte ich ziemlich zufrieden leben, selbst wenn ich weiterhin inkompetent handeln würde oder sie mich für unfähig hielten, obwohl ich es nicht bin. Ich würde es tatsächlich nicht gut finden, wenn sie meine Inkompetenz erkennen, aber ich könnte es gut ertragen, solange ich es nicht fälschlicherweise damit in Verbindung bringe, eine gänzlich unfähige Person zu sein, und solange ich mich wegen dieser persönlichen Schwäche nicht insgesamt abwerte."

• Frage: „Wo ist der Beweis dafür, dass ich niemals wieder Geschäfte mit ihnen machen könnte, wenn meine Geschäftspartner erkennen, dass ich das laufende Geschäft nicht geschaukelt habe. Wo ist der Beweis, dass ich in Zukunft alle Geschäfte auf Sand setze?"

• Antwort: „Es gibt natürlich keinen Beweis dafür. Es könnte für mich möglicherweise schwieriger werden, weitere Geschäfte mit ihnen zu machen, weil sie mir vielleicht nicht mehr so sehr vertrauen würden. Aber schwierig heißt nicht unmöglich. Und nur weil ich dieses Geschäft „vergeigt" habe, heißt es noch lange nicht, dass ich keine weiteren Geschäfte mehr zustande bekommen werde. Tatsächlich könnte ich aus diesen Erfahrungen für mich und für zukünftige Geschäfte lernen."

• Frage: „Wieso macht es mich zu einem Lump, wenn ich anderen Leuten einen falschen Eindruck von meiner Kompetenz vermittle, obwohl ich doch in Wirklichkeit ziemlich inkompetent handele und mich der Situation nicht gewachsen fühle und innerlich bibbere? Bin ich dann ein Heuchler und Betrüger?"

• Antwort: „Nur weil ich mich unaufrichtig verhalte, bin ich noch lange kein Lump und Betrüger. Ich bin nur ein Mensch, der sich manchmal unaufrichtig verhält und der besser versuchen sollte, dieses unerwünschte Verhalten zu verändern. Selbst wenn ich mich immer so schäbig verhielte, wäre ich kein Lump; ich wäre lediglich ein Mensch mit Fehlern, der sich unglücklicherweise so benimmt. Darüber hinaus bedeutet die bloße Tatsache, dass ich Leuten einen falschen Eindruck von Kompetenz vermittle, nicht, dass ich ein Heuchler und Betrüger bin, weil es in der Gesellschaft, in der ich lebe, – besonders im Geschäftsleben - ziemlich unklug wäre, ihnen alle meine Schwächen zu offenbaren. Solange ich mir diese Schwächen zugestehe, bin ich lediglich ein guter Mitspieler, wenn ich sie nicht jedem auf die Nase binde. Genau wie ich ein guter Pokerspieler wäre, wenn ich bei schlechten Karten meine Gegner bluffe und sie damit zum Aufgeben bringe. Es ist vielleicht nicht toll, dass die Welt so aussieht, dass ich meine Schwächen anderen gegenüber nicht offen zugeben und gleichzeitig ein erfolgreicher Geschäftsmann sein kann. Aber es ist wie es ist und ich sollte diese Tatsache besser realistisch akzeptieren und mich damit klug arrangieren."

Nachdem wir Markus in dem Workshop dazu gebracht hatten, seine eigenen irrationalen Überzeugungen derartig zu hinterfragen, fühlte er sich sofort besser. Denn er begann die Tatsachen zu akzeptieren, dass er, egal wie erfolgreich er derzeit bei seinen Geschäften war, dennoch auch sehr schlechte Leistungen ertragen konnte, dass sein Wert als Mensch nicht davon abhing, ob er großartige oder keine Erfolge hatte, und dass er, selbst wenn die Leute enttäuscht von allen seinen Leistungen wären und ihn für einen Schwindler hielten, nicht deren Meinung übernehmen musste. Es war weiterhin bemerkenswert, wie im weiteren Verlauf des Workshops ein halbes Dutzend hochgestellter Manager mitfühlend mit dem Kopf nickten, als sie seine Selbstunsicherheit nachempfinden konnten und es war klar, dass sie sich ebenso wertlos wie er fühlten, obwohl praktisch alle in ihrer Arbeit enorm erfolgreich waren und einige sehr große Betriebe führten. Einige gaben sich große Mühe, ihm bei der Disputation seiner irrationalen Überzeugungen zu helfen und wieder war zu erkennen, dass sie sich während der Disputation gleichzeitig selbst halfen, ihre dysfunktionalen Hypothesen über ihren eigenen Wert als Menschen in Frage zu stellen.

Das bedeutet wiederum nicht, dass Manager nicht gewissenhaft und genau bei ihrer Arbeit sein sollten. Je mehr Energie sie in ihre Arbeit stecken und je genauer sie sich selbst in ihrer Leistung überprüfen, desto besser sind sie wahrscheinlich bei der Erfüllung ihrer Aufgaben und umso höhere Positionen wird man ihnen anbieten. An dieser Art von „Perfektionismus" ist wirklich nichts auszusetzen.

Zwanghafter Perfektionismus

Das Problem des wahren, zwanghaften Perfektionisten besteht darin, dass nicht nur seine Leistungen gut sein sollen, sondern dass er glaubt, seinen Wert als Mensch durch diese Anstrengungen beweisen zu müssen. Er ist folglich eher ein „Ego-Perfektionist", als bloß ein „Arbeits-Perfektionist". Letzteres wird oft belohnt, während das Erstere oft Angst auslöst und entnervt. Darüber hinaus wird der „Ego-Perfektionist" fast immer eine Zunahme dieser Ängste erleben, sich dafür abwerten, solche Ängste zu haben und somit seine ursprünglichen Schwierigkeiten bedeutend verschlimmern.

Genau so erging es Markus. Sobald er sich als unsicher und ängstlich erlebte, wertete er sich wegen dieser Symptome ab und führte folgendes irrationales Selbstgespräch: „Verdammt noch mal! Nicht nur andere nehmen mich nicht so wahr, wie ich wirklich bin, nein, auch ich weiß, dass ich einen zu guten Eindruck auf sie mache, und ich weiß, dass es mir Angst macht, wenn sie herausfinden könnten, wie schlecht ich wirklich bin. Aber wie könnte ich solche Angst haben, wenn ich ein wirklich guter Mensch bin?

Wer hat jemals von einem so unsicheren Manager eines aufstrebenden Unternehmens gehört? Und ich bin so ein schäbiger Versager! Selbst wenn andere Leute das nie herausfinden würden, wie kann ich jemals mit diesem Selbstbild leben?"

Die Workshop-Gruppe half Markus dabei hinter seine selbstabwertenden Gedanken zu kommen. Dadurch gelang es ihm, seine besonders selbstschädigende Haltung, dass er diese ursprünglichen selbstabwertenden Einstellungen überhaupt hat, zu entdecken. Er kam danach zu dem Schluss: „Ich habe wirklich revolutionäre Dinge in diesem Workshop gelernt. Dinge, weswegen ich eigentlich gar nicht hierher gekommen war, und von denen ich niemals vermutet hätte, sie herauszufinden. Ich dachte, Sie würden mir bei einigen meiner praktischen Probleme helfen – z.B. wie man andere besser übers Ohr haut und wie ich meine Verkaufsfähigkeiten trotz meiner Ängste verbessern kann. Jetzt kann ich erkennen, dass ich dies schon ganz gut beherrsche, und dass ich Ihnen in dieser Hinsicht noch etwas beibringen könnte. Aber das wirklich Neue, was ich hier gelernt habe, ist, dass ich gar kein Bild von mir selbst haben muss. Ich kann ich sein! Ich kann versuchen, Erfolg bei meinen Tätigkeiten zu haben und mich um die Dinge zu kümmern, die ich im Leben wirklich genieße – ohne irgend jemand ein bestimmtes Bild vorzumachen. Wofür brauche ich überhaupt Bilder von mir? Wie auch immer mein Bild aussieht, wie ich es verändere und retuschiere, wie ich andere mit meinem Bild beeindrucke, macht mich das wirklich anders?"

„Was meinen Sie mit sich selbst?" fragte ein Workshop-Teilnehmer. „Was sind Sie überhaupt?"

„Ich bin nicht ganz sicher", antwortete Markus „aber letztendlich würde ich sagen, dass ich nicht irgendein Bild bin. Ich nehme an, dass ich eigentlich das bin, was ich gerne tue – weil ich es wirklich gerne mache. Ich bestehe aus meinen Wünschen nach exquisitem Bordeaux, gutgebauten, vollschlanken Frauen (wie meine Frau) und Aktivitäten, die mir viel Freude bereiten. Ich bestehe aus noch viel mehr Dingen, die ich mag, von manchen weiß ich bis jetzt noch nicht genau, worum es sich handelt, aber ich bin zuversichtlich, das herauszufinden. Aber wie immer meine Wünsche aussehen, ich hoffe damit Schluss machen zu können, mir Vorstellungen und Bilder davon zu machen, wie ich sein muss und dann so zu tun als ob ich dies selbst wäre. Ich bin mir noch nicht sicher, weil ich dieses Wissen erst in den letzten Stunden gelernt, es noch nicht vollständig aufgenommen und noch nicht wirklich ausprobiert habe, ob ich schließlich doch meine bisherigen aufgeblasenen Vorstellungen von mir komplett aufgeben kann. Ich werde es aber ernsthaft versuchen!"

Wieder nickten die anderen Workshop-Teilnehmer zustimmend. Sie waren ebenfalls hauptsächlich gekommen, um bei ihren praktischen Arbeitsproblemen Hilfe zu finden. Aber jetzt begannen sie zu erkennen, dass ihre Probleme mit sich selbst die eigentlichen Themen waren, und dass sie, wenn sie ihre eigenen Grenzen vollständig akzeptierten und andere nicht weiter mit ihren Schauspielereien zu beeindrucken versuchten, eigentlich die meisten praktischen Probleme selbst lösen könnten, da sie über genügend Ausbildung, Übung, Erfahrung und Verstand verfügten.

Selbstakzeptierender Umgang mit Leistungsbewertungen

Übung 4

Teil A

Machen Sie sich Ihre selbstschädigenden Bewertungen bewusst!

In **Spalte 1** beschreiben Sie kurz die Situation, in der Ihre Leistung bewertet wurde und Sie negatives Feedback erhielten. In **Spalte 2** benennen Sie die kritisierende Person. In **Spalte 3** schätzen Sie die Bedeutsamkeit dieser Kritik für Ihre Karriere und ihre Arbeitszufriedenheit ein.

Situation	Kritisierende Person	Bedeutsamkeit dieser Kritik niedrig hoch
		1 2 3 4 5
		1 2 3 4 5
		1 2 3 4 5
		1 2 3 4 5
		1 2 3 4 5
		1 2 3 4 5
		1 2 3 4 5
		1 2 3 4 5
		1 2 3 4 5

Teil B

Mit welchen selbstschädigenden Denkmustern reagieren Sie auf Kritik?

In **Spalte 1** beschreiben Sie kurz die Situation, in der Sie negatives Feedback erhielten und benennen Sie die kritisierenden Personen. In **Spalte 2** führen Sie Ihre irrationalen Gedanken auf, wie sie Ihnen in der Situation durch den Kopf gingen. In **Spalte 3** vermerken Sie kurz Ihre selbstschädigenden Verhaltensweisen als Resultat Ihres irrationalen Denkens. Beginnen Sie mit hoch bedeutsamen Situationen (Grad 4-5) aus dem Übungsteil **A**.

Situation	Irrationale Gedanken	Selbstschädigende Verhaltensweisen

Teil C

Entwickeln Sie rationale Antworten auf Kritik!

Entwerfen Sie für die folgenden Fragen kurze, rationale Statements, damit Sie in Zukunft besser mit negativer Kritik an Ihrer Arbeit umgehen können. Diese Statements können Sie dann in Ihre Vorstellungen der kritischen Situationen einfließen lassen.

1. „Warum muss ich immer perfekt sein?"

Rationale Erwiderung:

____

____

____

____

2. „Wieso ist meine gesamte Arbeit schlecht, nur weil ein Teil meiner Leistung kritisiert wurde?"

Rationale Erwiderung:

____

____

____

____

3. „Wer sagt, dass meine Leistung der einzige Maßstab für meinen Wert als Person ist?"

Rationale Erwiderung:

____

____

____

____

4. „Wo ist der Beweis, dass jemand, der meine Arbeit kritisiert, mich deshalb auch nicht mag?“

Rationale Erwiderung:

____

____

____

____

5. „Warum muss eine Kritik an meiner Leistung immer gerechtfertigt und fair sein?“

Rationale Erwiderung:

____

____

____

____

6. „Wieso bin ich auf die Anerkennung meines Chefs oder meiner Mitarbeiter angewiesen, um mich und meine Arbeit akzeptieren zu können?“

Rationale Erwiderung:

____

____

____

____

7 Feindseligkeit: Der Feind in uns!

Selbstsicherheit oder sagen wir besser selbstsicheres Verhalten ist ausgesprochen lohnenswert. Es trägt dazu bei, eine erfolgreiche Führungskraft zu werden und zu bleiben. Leider werden jedoch häufig Selbstsicherheit und Feindseligkeit miteinander verwechselt – sogar von einigen der bestausgebildeten Psychologen. Viele Menschen glauben nämlich, sie müssten sich zuvor aggressiv und wütend machen, um sich selbst behaupten zu können. Sie ziehen den falschen Schluss, dass aggressives Verhalten ein Zeichen für Stärke und also eine Voraussetzung für Selbstsicherheit darstelle. Das ist falsch. In Wirklichkeit stellen sowohl *Aggressives Verhalten* wie auch *Selbstunsicheres Verhalten* die beiden Pole dar, die von *Selbstsicherem Verhalten* wegführen, vgl. Abb. 2.

Abb .2: Selbstsicheres Verhalten

Selbstsicheres Verhalten ist vorteilhaft, weil es signalisiert, dass wir unsere Absichten verwirklichen wollen, selbst wenn andere Menschen andere Pläne haben und es lieber hätten, wenn wir deren Wünsche erfüllten.

Bei Aggressivität und Feindseligkeit liegen die Dinge aber anders.

Beispiel: Da wird der an kostenbewusstes Wirtschaften gewöhnte Manager wütend auf seine Frau, weil diese darauf besteht, immer in Restaurants der Spitzenklasse zu essen. Oder er nimmt es vielleicht den anderen Managern in seinem Betrieb bitter übel, dass diese ihn aus eigennützigen Karriereinteressen am Fortkommen behindern. In solchen Fällen streben wir nicht lediglich nach dem, was wir wollen; nein, auf typisch menschliche Weise verurteilen und verdammen wir diejenigen, die etwas anderes als wir wollen. Wir bestehen darauf, dass unsere Sichtweise von allen anderen geteilt werden soll. Dabei übersehen wir: Nicht wir bestimmen über die Welt, und deshalb gibt es überhaupt keinen Grund, dass sich andere Menschen nach uns richten müssen.

Es sind also nicht einfach die gegenteiligen Ansichten anderer Menschen, die das Auslösende Ereignis (**A**) darstellen, anlässlich dessen wir unsere feindseligen Gefühle (**C**) konstruieren. Erst unsere Weigerung, unterschiedliche bzw. oppositionelle Ansichten zu akzeptieren sowie unser

Absolutheitsanspruch, dass alles nach unserem Willen geschehen *müsse* (**B**), verursacht die feindseligen Gefühle (**C**). Die Alternative dazu wäre: Bleiben Sie bei Ihren Ansichten, aber legen Sie die diktatorische Attitüde ab. Dann würden Sie weiterhin Ihren eigenen Standpunkt beibehalten und sich stark genug für seine Umsetzung behaupten können. Aber Sie würden bei sich nicht diese außergewöhnlich feindseligen Gefühle erzeugen, wenn andere nicht sofort und uneingeschränkt mit Ihrem Standpunkt übereinstimmen.

Als Führungskraft ist es besonders wünschenswert, wenig aggressive Gefühle zu entwickeln, weil Ärger ständig blockiert, gleichgültig welche Ziele wir verfolgen. Dies gilt besonders für aggressive Gefühle gegenüber Vorgesetzten. Wenn Sie nämlich Ihren Chef hassen, werden Sie entweder dazu tendieren, ihm diese Gefühle mitzuteilen - was nicht besonders vorteilhaft für Sie wäre! -, oder Sie verdrängen diesen Ärger und bekommen so vielleicht Bluthochdruck - ebenfalls nicht gerade angenehm! Näheres zum psychophysiologischen Zusammenhang entnehmen Sie dem folgenden Infokasten:

Info 7

„Vor Wut platzen?“

Wut und Feindseligkeit können sich in Körperhaltung, Gesichtsausdruck, Sozialverhalten, physiologischen Erregungszuständen und psychischen Symptomen niederschlagen. Wütende Menschen werden häufig ungeduldig, reagieren gereizt und lehnen oft die Hilfe anderer ab. Der Körper wird durch Gefühle der Feindseligkeit in einen „Alarmzustand“ versetzt, in dem die Stressreaktion mehrfach mit überzogenen physiologischen Reaktionen ausgelöst wird. Somit sind starke Wut und Feindseligkeit der Gesundheit und dem Wohlergehen erwiesenermaßen abträglich. Betrachtet man die Zusammenhänge zwischen Feindseligkeit, Wut und koronarer Herzkrankheit, so zeigt sich, dass Feindseligkeit die wichtigste Komponente des sogenannten Typ A-Verhaltens ist. Unter dieser Bezeichnung lässt sich allgemein gesagt eine ungünstige Stressverarbeitung verstehen, die sich in selbstschädigenden Denkmustern (wie z.B. „Ich kann alles, was ich will“; „Ich muss immer stark sein“; „Man muss ständig vor den Angriffen anderer auf der Hut sein“) und Verhaltensmuster (u.a. dem Drang, immer aktiv sein zu müssen, sich aber auch oft selbst zu tadeln) zeigt.

Akzeptieren Sie also besser die Tatsache, dass Ihre Vorgesetzten keine Engel sind, sondern ganz im Gegenteil oftmals launisch und unstrukturiert wirken, sich irren und Fehler machen etc. Sie täten besser daran, diese Fehler entweder zu ignorieren oder vorsichtig darauf hinzuweisen. Selbst wenn Sie recht haben mit Ihrer Ansicht, dass Sie selbst ein besonders effektiver Mitarbeiter sind, ist es dennoch unsinnig, das Gleiche von allen anderen Mitarbeitern Ihrer Firma – einschließlich Ihren Vorgesetzten – zu fordern. Und auch wenn diese Sie in Ihren Karrierebestrebungen behindern, dann ist das zwar sehr unangenehm, stützt aber nicht die Hypothese, es dürfe Sie niemand behindern. Dies gilt erst recht für Kollegen und nachgeordnete Mitarbeiter.

Was folgt daraus? Dass praktisch alle Menschen von Natur aus manchmal dazu neigen, faul, nachlässig, abgelenkt und ineffektiv zu sein. Folglich sollten Sie diese Tatsache akzeptieren, wenn Sie vermeiden wollen, ständig ärgerlich und sauer zu werden. Gelegentlich werden Sie an Ihrem Arbeitsplatz Vorgesetzte oder nachgeordnete Mitarbeiter vorfinden, die ihrer Arbeit verantwortungsbewusst nachgehen, und die Ihnen eher zur Seite stehen, als dass Sie stören. Oft werden Sie aber auch Leuten von der anderen Sorte begegnen.

Nehmen wir ein konkretes Beispiel, das uns zeigt, wie wir Gefühle wie exzessiven Ärger und Wut vermeiden können, selbst wenn einige Mitarbeiter uns offensichtlich übel wollen. Gesetzt den Fall - am Punkt **A** - Ihr unmittelbarer Vorgesetzter, Dr. Scholz, sei eifersüchtig auf Ihre Energie und Intelligenz (weil er Ihnen in diesen Bereichen nicht das Wasser reichen kann) und legt Ihnen deshalb ständig Steine in den Weg. Sie sind ein gewissenhafter Manager und erledigen deshalb normalerweise mehr Arbeit als Sie müssten, kompensieren damit gewöhnlich seine Ausfälle, erfüllen Ihre Zeitvorgaben und halten so den guten Ruf der ganzen Abteilung aufrecht. Nun haben Sie aber auch noch einen neuen Assistenten, zufällig der Schwiegersohn Ihres Chefs, der aber nicht nur so unfähig ist, dass er diesen Job ohne Vetternwirtschaft niemals bekommen hätte, sondern auch noch regelmäßig zu spät kommt, wenig arbeitet, sich bei Dr. Scholz „lieb Kind" macht und manchmal auch noch gemeinsam mit ihm etwas gegen Sie im Schilde zu führen scheint.

Am Punkt **A**, dem Aktivierenden Ereignis, haben Sie deshalb mehr Probleme, als Sie brauchen können. Am Punkt **B**, Ihrem Beliefsystem[9], haben Sie z.T. hilfreiche Gedanken: „Was für ein Pech! Von allen Leuten, mit denen ich arbeiten könnte, muss es ausgerechnet Scholz sein! Es ist schon schwierig genug, mit irgendeinem anderen zurechtzukommen, den sie einem hier vor die Nase setzen. Aber mit ihm zu arbeiten - uff ! Er hat so verdammt viele Vorurteile gegen mich - vermutlich weil er eifersüchtig auf meine Fähigkeiten ist -, dass ich kaum eine Chance habe, Anerkennung in seinen Augen zu finden. Dann, um es noch schlimmer

[9] Belief (engl.) für Glaube, Ansicht, Einstellung

zu machen, auch noch dieser sogenannte Assistent. Assistent, du meine Güte! Er assistiert mir höchstens dabei, noch mehr Ärger mit Scholz zu kriegen, sonst aber so gut wie gar nicht! Ich muss zwar damit rechnen, in so einem Betrieb irgendeinen unfähigen Familienangehörigen vom Chef im Nacken zu haben; aber, nein, wie nutzt der seine Privilegien aus! Er kommt zu spät, er kann fast nichts, er schmeichelt sich bei Scholz ein, und dann läuft hier fast alles schief. Was für ein Mist!"

Wie üblich würden Sie, wenn Sie unbeirrbar an diesen korrekten und funktionalen Überzeugungen festhielten, die Situation unerfreulich finden (**B**), daher enttäuscht sein (**C**) und sich vielleicht sogar in Ihrer Arbeit desillusioniert fühlen. Als heilsame Folge dieser Gefühle könnten Sie versuchen, die Verhältnisse zu korrigieren, sich in eine andere Abteilung versetzen zu lassen oder sogar zu kündigen (daher sind diese Gefühle funktional!). Sie wären aber nicht schrecklich sauer, es sei denn, Sie steigerten sich in eindeutig magische und irrationale Gedankengänge hinein, wie z.B.: „Wie konnten die mir einen solchen Idioten wie Scholz vorsetzen? Wie schrecklich, dass mir so etwas passiert! Es ist total unfair, dass er so voreingenommen gegen mich ist, und so viel Ungerechtigkeit darf nicht sein! Und dann noch mein Assistent! Ist er nicht furchtbar? Wie kann er mich so behandeln, wenn er doch erstens keine Berechtigung hat, hier zu sein, und wenn er sich zweitens so unverantwortlich benimmt? Was für eine schreckliche Situation!"

Es sind diese selbstschädigenden und irrationalen Denkmuster am Punkt **B**, und nicht die unerfreulichen Aktivierenden Erfahrungen, am Punkt **A**, die Sie tatsächlich aggressiv und feindselig werden lassen. Selbst wenn diese Gedanken oberflächlich betrachtet logisch und gerechtfertigt erscheinen, haben sie doch nichts mit der Realität zu tun. Sie entstammen nämlich Ihren aufgebrachten Bewertungen der Lebensereignisse und nicht den Fakten selbst.

So können Sie vorgehen, um Ihre selbstschädigenden Überzeugungen zu disputieren und in Frage zu stellen:

• Frage: „Wie konnten die mir einen solchen Idioten wie Scholz vorsetzen?"

• Antwort: „Das konnten die ganz einfach! Leute, die sich wie Scholz benehmen, werden häufig Vorgesetzte von Leuten, die wie ich sind. So ist die Welt nun einmal: voll mit solchen Situationen. Warum sollte für mich eine Ausnahme gemacht werden?"

• Frage: „Warum ist es schrecklich, dass mir so etwas passiert?"

• Antwort: „Es ist nur schrecklich, wenn ich denke, dass es schrecklich ist. Natürlich mag ich es nicht. Ich werde es niemals gut finden. Warum kann ich aber nicht ertragen, was ich nicht mag? Ich kann! Wenn ich es wirklich so verdammt ungern mag, dann sollte ich hier nicht mehr arbeiten. Ich kann mich entscheiden, zu kündigen. Wenn ich aber meine, dass ich mehr davon habe, wenn ich hier bleibe, sollte ich besser auch die Nachteile in Kauf nehmen - als da wären, dass Leute wie Scholz (und mein Assistent) mich weiter quälen können, und dass die Firma ein Recht hat, sie in meiner Nähe arbeiten zu lassen. Das tut zweifellos weh, ist aber kaum schrecklich."

• Frage: „Wo ist der Beweis dafür, dass die Dinge nicht so unfair sein dürfen und dass Scholz mich nicht so ungerecht behandeln darf?"

• Antwort: „Dafür gibt es keinen Beweis. Es gibt im Leben jede Menge unfaire Dinge, und die Ungerechtigkeiten von Scholz gehören dazu. Ungerechtigkeit gibt es eben im Leben. Scholz hat das gleiche Recht, so unfair zu sein, wie ich das Recht zum Versuch habe, ihn so zu beeinflussen, dass er das sein lässt. Wenn ich das aber nicht schaffe, dann habe ich Pech gehabt. Warum muss ich es immer schaffen, dass mich andere gerecht behandeln? Dafür gibt es doch offenbar gar keinen Grund."

• Frage: „Warum ist mein Assistent fürchterlich? Wie kann er mich nur so behandeln?"

• Antwort: „Er ist kein fürchterlicher Mensch, lediglich ein Mensch, der mich sehr schlecht behandelt. Selbst wenn ich beweisen könnte, dass er mit jedermann unverantwortlich umgeht, wäre er noch lange kein schlechter Mensch. Wenn ein Mensch nämlich schlecht oder schrecklich ist, heißt das, dass er niemals eine gute Tat vollbringen kann und dass er Verachtung verdient, weil er ständig Böses tut. Nun, wie kann ich sagen, dass er niemals auch nur eine gute Sache machen kann? Und selbst wenn ich das könnte, warum würde er dann dafür ewige Verachtung verdienen? Im Gegenteil braucht er doch eher Unterstützung und Hilfe statt Ablehnung, wenn er in allen Bereichen wirklich so hoffnungslos schwach auf der Brust ist. Ich werde seine Art, mich zu behandeln, niemals gut finden; aber offensichtlich kann er sich so benehmen, egal ob er diesen Job durch persönliche Beziehungen oder durch Können erlangt hat. Selbst wenn er der allerschlechteste Mitarbeiter wäre, könnte er mich schlecht behandeln. Tatsächlich wird er mich wahrscheinlich umso schlechter behandeln wollen, je armseliger er seine Arbeit macht, denn so gehen solche Mitarbeiter mit ihren Vorgesetzten um. Nun, wenn er es so macht, dann ist es eben so; warum akzeptiere ich nicht diese Realität?"

• Frage: „Was macht diese Situation so furchtbar?"

• Antwort: „Nichts, oder besser gesagt, ich selbst. Diese Situation ist sicher nicht sehr wohltuend oder vorteilhaft, sondern ausgesprochen nachteilig! Aber weil die Situation unangenehm ist, ist sie doch nicht furchtbar. Unangenehmes gibt es überall. Aber es ist Humbug, wenn ich eine Situation unerträglich finde, weil sie unangenehm ist. Das hat mit der Realität nichts zu tun. Ich kann es eindeutig ertragen, mich in dieser Lage zu befinden (wenn ich sie auch nicht selbst gewählt habe und mich vielleicht für die Kündigung entscheiden werde). Also schaue ich den Tatsachen – die schlimm genug sind – lieber ins Auge, ohne sie in meinem Kopf noch schlimmer zu machen. Sicher ist die Situation nicht so, wie ich sie mir wünsche. Aber so sind auch Hunderte andere Situationen, denen ich im Leben begegne. Basta!

Als vernünftige Wahlmöglichkeiten bleiben mir also:

- einen Weg zu finden, die Situation zu verändern und sie den eigenen Wünschen mehr anzupassen;
- aus der Situation heraus zu kommen;
- die Situation, wie sie ist, zu akzeptieren.

Für welche Lösung werde ich mich entscheiden, wofür werde ich mich einsetzen?"

Unsere feindseligen Gefühle sind mit anderen Worten nicht, wie viele von uns fälschlich annehmen, verursacht vom Verhalten unserer Mitarbeiter. Vielmehr entstehen sie aus unseren kleinkindhaften Überreaktionen auf deren wirkliche oder vermutete unfaire Verhaltensweisen. In den meisten Fällen sind die Chancen, die Menschen und ihre unerwünschten Verhaltensweisen zu ändern, ähnlich groß wie die Chance, die Weltherrschaft zu erringen. Das ist aber genau das, was wir dadurch, dass wir uns ärgern und aufregen, in Wahrheit erreichen wollen: die Welt kontrollieren. Wir schwingen uns zum Diktator auf und verlangen, dass alle, über die wir definitiv keine Kontrolle haben, absolut kontrollierbar sein sollen. Das Motto heißt also: „Mein Wille geschehe!" Und wenn sich herausstellt, dass es nicht so läuft, schäumen wir innerlich und äußerlich vor Wut - und ziehen hieraus noch den weiteren falschen Schluss, dass die Wut etwas verändern würde. Wenn das auch nicht geschieht, verlangen wir häufig als nächstes: „Dieser Mistkerl muss sich ändern! Es muss etwas geben, womit ich ihn zu einem anderen Verhalten bringen kann! Er ist ein verdammtes Schwein, weil er sich so benimmt und auch noch die Frechheit besitzt, so zu bleiben, wo ich sein Verhalten doch so unerträglich finde und mich so anstrenge, ihn zu ändern!"

So drehen wir uns fortwährend im Kreis. Wir verlangen, dass Herr oder Frau Sowieso uns gut behandeln und regen uns schrecklich auf, wenn sie das nicht tun. Dann verlangen wir, dass sie unsere Wutausbrüche anhören sollen und werden noch ärgerlicher, wenn sie sich weigern.

Schließlich ärgern wir uns über unsere eigene Unfähigkeit, die Person dazu zu bringen, uns fair zu behandeln und sich unsere Schimpfkanonaden anzuhören. Zu diesem Zeitpunkt haben wir mindestens drei – wenn nicht mehr – Ebenen selbsterzeugten Ärgers geschaffen, und das können wir fast unbegrenzt so fortführen.

Oft verfallen wir dann auf merkwürdige Abhilfen: Wir legen uns mit anderen Leuten an, auf die wir ärgerlich sind, und werfen ihnen an den Kopf, was wir von ihnen halten, oder wir dreschen – in sogenannten Manager-Selbsterfahrungskursen – auf ein Kissen oder einen Punchingball ein und stellen uns dabei vor, es sei der Kopf unseres nervenden Vorgesetzten oder eines anderen Mitarbeiters. Manche schließen sich einer Ärger-Selbsthilfegruppe an und jammern dort lautstark darüber, wie ätzend die Leute zu ihnen sind und was für Hohlköpfe einige andere Gruppenmitglieder sind. Wieder andere werden süchtig nach Horrorvideos, blutigen Boxkämpfen oder glorifizierenden Kriegsgeschichten. Tatsächlich: Manchmal, nachdem jemand seine Wut so „herausgelassen" hat, fühlt er sich richtig großartig. Für den Augenblick! Weil er nämlich vorübergehend auf irgendeine direkte oder symbolische Art und Weise einen anderen niedergemacht hat, fühlt er sich dann wertvoller, überlegener und hält sich für „stärker" und „großartiger".

Jedoch: Wer sich so verhält, denkt immer noch in den Kategorien eines Zweijährigen! Wenn wir uns nämlich mit anderen anlegen, Kissen verdreschen, in zweifelhaften Pseudo-Selbsthilfegruppen über sie jammern oder sie als Schurken in den Filmen und Büchern sehen, dann sind wir meist immer noch überzeugt davon, dass es korrekt sei, so zu denken: „Nimm das, du Schurke! Du bist schlecht! Ich hasse dich! Du hast den Tod verdient, weil du mich so grausam behandelt hast! Du lausiger Mistkerl!" (Wie es in den Comics so schön in den Sprechblasen steht). Diese Selbstgespräche sind jedoch völliger Humbug, gleichgültig, wie großartig wir uns unmittelbar dabei fühlen. Die Person, gegen die sich unser Zorn richtet, ist nämlich kein Schurke - lediglich ein fehlbarer, manchmal auch ein recht unmoralischer und unfairer Mensch. Aber er ist nicht wertlos – obwohl einige seiner Handlungen durchaus verwerflich sein mögen. Wenn wir ihn hassen, mehr als sein Verhalten, verdammen wir ihn als Menschen insgesamt – das ist ungenau und unsinnig. Er verdient nicht den Tod, höchstens einige Grenzen oder Einschränkungen. Und er ist kein lausiger Mistkerl, sondern nur – noch einmal – schlimmstenfalls ein Mensch mit Schwächen und Fehlern.

So mögen wir uns tatsächlich etwas besser fühlen, wenn wir uns mit unserem Ärger so richtig auseinandergesetzt und ihn irgendwie direkt oder indirekt gewaltsam herausgelassen haben; es ist aber zu bezweifeln, ob wir unter diesen Bedingungen eine anhaltende Besserung erreichen werden. Um das zu erlangen, oder sich zumindest weniger stark gestört zu fühlen, ist es nämlich fast immer erforderlich, erwachsen zu werden, klarer zu denken und eine Methode zu finden, auf andere vernünftiger zu reagieren, auf der Basis von Fakten und Realität, nicht aufgrund törichter Einbildungen.

Um einem möglichen Missverständnis abschließend vorzubeugen: dies alles heißt nicht, dass Ihr Ärger eine Einbildung ist. Ganz im Gegenteil, er ist zweifelsohne real und sollte von Ihnen auch so wahrgenommen werden. Nur die Ideen, mit denen Sie den Ärger hervorrufen – besonders die Feststellungen, dass Leute Sie fair behandeln müssen und sie absolute Schufte sind, wenn sie das nicht tun –, sie sind Phantasien, die in der Regel mehr schaden als nutzen. Diese Phantasien sind unsere ärgsten Feinde – bekämpfen wir sie!

8 Depressivität vorbeugen

Es ist schon phänomenal, wie viele Menschen, einschließlich höchstbezahlter Manager, ziemlich häufig unter depressiven Gefühlen leiden. Das gilt auch für einige der berühmtesten Künstler, Dichter und Komponisten der Weltgeschichte - z.B. Beethoven, Leonardo da Vinci, Michelangelo –, die alle recht lange Phasen ihres Lebens mit Depressionen verbrachten.

Heutzutage wird sehr inflationär mit den Begriffen „Depression“ und „Depressivität“ umgegangen.

Auch im allgemeinen Sprachgebrauch wird nur selten die Unterscheidung zwischen klinischen Formen der Depression und Zuständen gedrückter, melancholischer Stimmung, sowie die Abgrenzung zu normaler Trauer und Traurigkeit gemacht.

Depressiver Teufelskreis

Neben der individuell empfundenen emotionalen Beeinträchtigung kommt es i.d.R. zum Absinken der Leistungsfähigkeit, insbesondere auch im Beruf. Selbst der ansonsten belastbarste Organisator oder Aktivist wird lustlos, träge, müde, gehemmt und energielos, wenn er der Melancholie erliegt. Darüber hinaus wird das Bild dieser emotionalen Störung gewöhnlich noch durch sekundäre Symptome verkompliziert. Wenn er feststellt, dass er erschöpft, bedrückt und niedergeschlagen ist, wird der sonst so produktive Manager außerordentlich missmutig, weil er depressiv ist. Er wird depressiver, weil er depressiv ist. Dadurch werden die Dinge noch schlechter, und dieser Teufelskreis endet in einem wahren Verzweiflungsstrudel.

Albert Ellis in Aktion

Gibt es viele verschiedene oder nur einige wenige irrationale Gedanken, die zu Depressionen führen? In der Regel erstaunlich wenige. Nehmen wir als typisches Beispiel Paul K., einen Klienten, der mich (A.E.) aufsuchte, weil er schwer depressiv war.

Paul hatte tatsächlich echte Probleme im Beruf, so dass man seine Mutlosigkeit gut nachvollziehen konnte. Er war der Gründer und Präsident einer ziemlich großen Firma, die sich wegen der derzeit schlechten gesamtwirtschaftlichen Situation nicht in der besten Verfassung befand. Seine rechte Hand, der Vizepräsident des Betriebes, hatte gerade einen Herzinfarkt gehabt und fiel deshalb noch für einige Monate aus. Sein zweiter Hauptassistent, auf den er sich jetzt mehr als je zuvor verlassen musste, war mit seiner Position unzufrieden (im wesentlichen weil er eifersüchtig auf den kranken Vizepräsidenten war) und konnte daher jederzeit kündigen. Zudem hatte sein 18jähriger Sohn Probleme im College.

Paul hatte also wirklich Probleme! Und alle einschließlich seiner mitfühlenden Frau meinten, dass er alle Gründe hätte depressiv zu sein. Alle außer mir. „Sehen Sie", sagte ich, als ich ihn zu Beginn der Beratung zum ersten Mal sah „es gibt keinen Zweifel, dass verschiedene Dinge in Ihrem Leben schief laufen – die Wirtschaft, der Herzinfarkt Ihres Vizepräsidenten, die Unzufriedenheit Ihres anderen Mitarbeiters, auf den Sie sich gerade jetzt verlassen müssen und die Schulprobleme Ihres Sohnes. Alle diese Dinge sind sehr unangenehm und unerfreulich, kein Grund, sie zu bejubeln. Sie sind aber nur die Auslösenden Ereignisse oder Erfahrungen – was wir in unserem System Punkt **A** nennen. Und diese unschönen Aktivierenden Erfahrungen an Punkt **A** gehen den Gefühlen oder Konsequenzen, die Sie an Punkt **C** erleben, voraus oder besser: aktivieren sie. Die Ereignisse bei **A** sind aber in Wirklichkeit nicht die Ursache für Ihre Gefühle oder Consequenzen bei **C**. Wenn nämlich hundert andere Manager in Ihrer Position alle die gleichen Erfahrungen wie Sie bei **A** machten, würden sich nicht alle an Punkt **C** gleichermaßen depressiv fühlen wie Sie. Welche Gefühle könnten die meisten bei **C** denn noch haben, was meinen Sie?"

P.: „Nun, ich vermute, dass die meisten ängstlich oder verärgert reagieren."

A.E.: „Ja, damit haben Sie vermutlich ganz recht. Die meisten würden bei **C** wohl ängstliche oder ärgerliche Gefühle verspüren, wenn sie ihre Erlebnisse bei Punkt **A** durchmachen müssten. Aber überlegen Sie bitte, wenn sie rigoros bei ihren angemessenen inneren Überzeugungen, die ich **B** nenne, bleiben würden, wenn sie sich bei **B** nur selbst davon überzeugten: „Dies ist wirklich sehr unglücklich; ich finde es gar nicht gut; was für ein unangenehmes Problem; ich wünschte, diese Probleme wären nie aufgetaucht," welche Konsequenzen oder Gefühle würden sie Ihrer Meinung nach dann bei **C** erfahren?"

P.: „Mmm. Lassen Sie mich nachdenken. Ich kann mir vorstellen, dass sie sich *enttäuscht und beunruhigt* **fühlen würden."**

A.E.: „Genau! Sie wären enttäuscht, weil sie nicht das bekämen, was sie sich wünschten. Und sie wären beunruhigt, weil sie sich darüber Gedanken machen, wie sie die unangenehmen Aktivierenden Ereignisse an Punkt **A** ändern könnten, aber nicht sofort die richtigen Lösungen parat hätten. Gefühle von Enttäuschung und Beunruhigung bei **C** sind nicht das gleiche wie Gefühle von Angst und Depression, die Sie offenbar haben und die wohl auch viele andere Menschen bei **C** empfinden, nicht wahr?"

P.: „Das glaube ich auch," sagte Paul.

A.E.: „Eben. Folglich müsste es etwas anderes am Punkt B sein, was die Gefühle von Angst und Depression bei C hervorruft. Wenn es aber für Menschen ausgesprochen angemessen und vernünftig ist, zu sich selbst zu sagen: 'Was für ein Unglück! Ich finde es gar nicht gut, was bei A passiert ist', und sie sich dadurch enttäuscht und beunruhigt machen – und dann durch solche Gefühle motiviert werden, eine Änderung der Aktivierenden Ereignisse bei A in Angriff zu nehmen, wenn das möglich ist -, dann ist es nach unserer Theorie höchst selbstschädigend und irrational, andere Überzeugungen am Punkt B zu haben, welche die Menschen ängstlich und depressiv machen. Nun, was meinen Sie, wie könnten diese irrationalen Überzeugungen aussehen, an die diese Menschen - und Sie - bei Punkt B so stark glauben?"

P.: „Mmm. Ich schätze, dass man sich etwas sagt wie: Ich habe versagt. Wenn ich die Sachen nur besser gemacht hätte, wäre ich nicht in dieser Lage."

A.E.: „Ja", sagte ich. „Das ist aber lediglich eine Beobachtung. Denn in einer gewissen Weise haben sie wirklich versagt. Sie haben zum Beispiel dabei versagt, ein Geschäft aufzubauen, das den Einflüssen der allgemeinen Wirtschaftslage nicht ausgesetzt ist. Sie haben versagt, einen Mitarbeiter einzustellen, der gesund bleiben würde. Sie haben versagt, Ihren anderen Mitarbeiter mit seiner Arbeit zufrieden zu machen. Und Sie haben versagt, aus Ihrem Sohn einen guten Studenten zu machen. So haben Sie objektiv in verschiedenen Bereichen versagt. Sie könnten aber genauer damit umgehen und erst einmal wahrnehmen, dass Sie Fehler gemacht haben, und diese Beobachtung allein würde Sie niemals dazu bringen, dass Sie irgendetwas fühlen. Nach der Theorie der Rational-Emotiven Verhaltenstherapie, die auf ausgedehnten wissenschaftlichen Erkenntnissen und klinischen Ergebnissen basiert, ziehen Sie daneben noch Schlüsse aus den Beobachtungen, versagt zu haben. Und diese Schlussfolgerungen, oder irrationalen Denkmuster, sind es, die Sie in Aufruhr bringen. Nun, welche Schlussfolgerung haben Sie wohl aus der Beobachtung, dass Sie Fehler gemacht haben, gezogen?"

P.: „Oh", antwortete Paul, „ich glaube so etwas wie: Ich darf keine Fehler machen. Ich bin unfähig, wenn ich versage!"

A.E.: „Richtig! Das haben Sie vermutlich daraus geschlossen. Und diese und andere irrationalen Folgerungen machen Sie depressiv. Wahrscheinlich haben Sie nämlich noch andere irrationale Schlüsse gezogen. Wie z.B.: Wie furchtbar ist es, dass die Wirtschaft jetzt gerade so schlecht dasteht und dass mein wichtigster Mann so lange ausfällt!

Und: Dieser verfluchte Generalmanager, wie undankbar und dumm er ist! Nach allem, was wir für ihn getan haben, wird dieser Idiot noch neidisch auf den Vizepräsidenten und jetzt will er kündigen - ausgerechnet in dieser schwierigen Zeit! Was für ein Dreckskerl!"

P.: „Ja, ich muss zugeben, dass ich ähnliche Gedanken hatte: Er ist ein Idiot, wenn nicht sogar ein Schwein und in der Tat finde ich es schrecklich, wie er sich verhält!"

A.E.: „Genau! So sehen also einige Ihrer Schlussfolgerungen bei B aus. Diese Schlussfolgerungen, und nicht die Aktivierenden Ereignisse bei A, bringen Sie aus der Fassung. Nun, Sie könnten weiterkommen, wenn Sie diese Schlüsse am Punkt D in Frage stellen oder disputieren. Wie könnte das aussehen?"

P.: „Nun, ich denke, ich könnte mich fragen: Warum darf ich keine Fehler machen? Und: Warum macht mich ein Fehler zu einem völligen Versager?"

A.E.: „Ja, das sind gute Fragen. Und wie lauten Ihre Antworten?"

P.: „Zunächst einmal, jetzt, wo Sie mich zum Nachdenken angeregt haben, erkenne ich, dass es eigentlich keinen Grund gibt, warum ich keine Fehler machen darf. Ich bin doch nur ein Mensch, kein Computer! Und Menschen machen Fehler. Ich hätte theoretisch ein anderes Geschäft aufmachen, einen anderen Vizepräsidenten einstellen, und meinen Sohn strenger zu Schularbeiten anhalten können. Ich tat es aber nicht. Ich war nicht allwissend. Und es gibt keinen Grund, warum ich es hätte sein müssen."

A.E.: „Nein, dafür gibt es überhaupt keinen Grund. Wie alle Menschen sind auch Sie fehlbar. Sie werden auch in Zukunft Fehler machen. Aber wie steht es mit Ihrer Schlussfolgerung, dass Sie wegen dieser Fehler unfähig sind?"

P.: „Nun, ich habe tatsächlich inkompetent gehandelt. Zumindest teilweise. Zum Beispiel habe ich meine Beziehungen zum Generalmanager vernachlässigt. Und ich habe nur selten überprüft, wie mein Sohn in der Schule vorankommt, obwohl ich wusste, dass er zu der Sorte Jungs gehört, die oft Ausbildungsschwierigkeiten bekommen und nachlässig sind."

A.E.: „O.K., Sie haben sich also inkompetent verhalten. Macht Sie das aber zu einem unfähigen Menschen?"

P.: „Nein, ich denke nicht."

Albert Ellis in action, im Friday Night Work Shop in New York City (fotografiert von Detlef Staadt)

A.E.: „Warum nicht?"

P.: Paul war fast eine Minute lang um eine Antwort verlegen. Dann antwortete er zögernd: „Weil ein inkompetenter Mensch praktisch gar nichts kann. Und ich bin in vielen Sachen ganz gut, trotz meiner Fehler."

A.E.: „Richtig. Ein Versager würde immer versagen, und das trifft für Sie kaum zu. Darüber hinaus ist der Begriff Versager so negativ besetzt, dass wir damit nicht nur Individuen bezeichnen, die ständig schwache Leistungen bringen, sondern solche, die wir deswegen auch verachten und ablehnen. Es bedeutet also im Grunde genommen Schwächling, nicht wahr?"

P.: „Ja, ich glaube, Sie haben recht. Wenn ich mich für einen inkompetenten Menschen halte, stelle ich mich mir als totalen Versager vor, als jemand, der wegen seiner Schwäche Verachtung verdient."

A.E.: „Und das ist natürlich ein Irrtum. Denn selbst wenn wir beweisen könnten, dass Sie jetzt und immerdar inkompetent wären, warum sollten wir Ihnen wegen dieser Schwäche etwas Schlechtes wünschen? Wenn überhaupt, dann sollten wir Ihnen helfen und Sie besonders unterstützen - und nicht dafür verdammen, dass Sie so schwache Leistungen bringen und diese Eigenschaft vermutlich bereits mit auf die Welt gebracht haben."

P.: „Ich kann mich also," bemerkte Paul, „mit allen meinen Schwächen akzeptieren?"

A.E.: „Ja, das können Sie. Und wenn Sie das tun, sich akzeptieren in Ihrer Existenz, mit Ihren Schwächen, dann können Sie zurück zu A gehen und versuchen, diese Fehler zu korrigieren. Wenn Sie sich dagegen wegen Ihrer Irrtümer verachten, werden Sie so damit beschäftigt sein, sich herunterzuputzen, dass Ihnen kaum Zeit und Energie übrig bleibt, die Dinge zu verbessern."

P.: „So einfach ist das also?"

A.E.: „Ja, aber lassen Sie uns doch noch einige andere irrationale Gedanken untersuchen, die wir bisher nicht beachtet haben. Wie steht es mit Ihrer Überzeugung, dass es furchtbar ist, wenn die wirtschaftliche Situation so schwierig ist und Ihr Vizepräsident einige Monate ausfallen wird?"

P.: „Oh, ich kann jetzt erkennen, dass das Unsinn ist. Es ist natürlich unerfreulich, dass die Wirtschaft so lahmt und er gerade jetzt einen Herzinfarkt hatte. Aber so ist es: unerfreulich. Und ich kann mit diesen unerfreulichen Tatsache leben und trotzdem meinen Geschäften nachgehen, sogar versuchen, sie gut zu machen trotz dieser zwei unangenehmen Bedingungen."

A.E.: „Genau. Und wie steht es mit Ihrer Ansicht, dass Ihr Generalmanager ein Dreckskerl ist? Stimmt das?"

P.: „Um Ihnen die Wahrheit zu sagen: Ich habe immer noch das Gefühl, dass er ein Schwein ist. Ich kann aber jetzt erkennen, dass dieses Gefühl auf meinen verrückten Gedanken beruht, dass er sich nicht so benehmen darf. Ich prahle oft mit meinem guten Sinn für die Realität. Ich muss jetzt aber sehen, dass ich hierbei definitiv nicht sehr realistisch bin. Ich bestehe unsinnigerweise darauf, dass sein Verhalten sich von der Realität unterscheiden sollte. Er benimmt sich eben so und er ist kein Schwein, wenn er das tut – nur eine Person, deren Verhalten ich für blödsinnig halte. O.K. Es ist also sein Problem. Warum kann ich diese Realität nicht akzeptieren?"

A.E.: „Wieder ganz richtig. Es ist ein Unglück, dass er sich so verhält, es ist aber nicht schrecklich. Und er hat ein Recht, seiner Natur nach alles zu tun, was er tut – selbst wenn er sich ganz falsch verhält. Ich habe in meinen Veröffentlichungen immer wieder gesagt, dass jeder ein Recht hat, Fehler zu machen. Das ist nämlich eine menschliche Bedingung: immer wieder Fehler zu machen. Wenn wir dann sagen: ‚Er hat kein Recht, Fehler zu machen', sprechen wir ihm in der Tat sein Menschsein ab. Er mag den Fehler begehen, zu irren – aber dennoch hat er ein Recht darauf, Mensch zu sein und sich fehlerhaft zu verhalten. Es ist nur zu schade, dass er dieses Recht überzieht!"

P.: „Wissen Sie," sagte Paul, „ich merke, dass ich mich allmählich viel besser fühle. Ich habe das Gefühl, dass mir eine große Last abgenommen wurde. Es ist beinahe wie ein Wunder! Als ich heute hier ankam, war ich extrem deprimiert und verstimmt. Jetzt fühle ich mich beinahe erleichtert. Ich hoffe nur, dass ich dieses Gefühl aufrechterhalten kann!"

A.E.: „Das können Sie," antwortete ich, „wenn Sie weiter daran arbeiten. Sie können ein Problem nämlich schnell und klar erkennen – wie die Tatsache, dass die Situation so ist wie sie ist, und dass das nicht furchtbar oder katastrophal ist. In einer halben Stunde oder morgen können Sie aber bereits wieder in Ihr altes, tief verwurzeltes Denkmuster verfallen, indem Sie etwa folgende Selbstgespräche führen: ‚Das darf aber nicht so sein! Es ist entsetzlich! Ich halte das nicht aus!' Und anschließend spüren Sie die tiefen Depressionen von neuem. Wenn Sie aber jedes Mal dieses Gefühl bis zum unangenehmen Aktivierenden

Ereignis bei A und zu Ihren irrationalen Überzeugungen an Punkt B - besonders Ihren Gedanken, dass es furchtbar ist, frustriert zu sein und sich zu irren - zurückverfolgen, dann werden Sie nicht nur schnell Ihre emotionalen Consequenzen bei C verändern, sondern nach einiger Zeit und vielem Üben zu einem Punkt kommen, wo Sie fast automatisch anders reagieren. So werden Sie, wenn eine neue Serie schwieriger Vorfälle am Punkt A auftaucht, bald in den meisten Fällen automatisch mit einer philosophischen Einstellung darauf reagieren wie etwa: ‚Blöder Mist! So ist es nun einmal. Es ist ein Unglück, dass das Leben so rau ist und die Leute so dämlich sind; es ist aber nur Pech, es ist nicht schrecklich oder katastrophal.' Wenn Sie an diesem Punkt angelangt sind, werden Sie sich kaum noch aufregen oder depressiv auf die Dinge reagieren, mit denen Sie jetzt noch gewohnheitsmäßig Schwierigkeiten haben und wegen derer Sie sich depressiv machen."

P.: „Denken Sie wirklich, dass ich irgendwann an diesen Punkt kommen kann?"

A.E.: „Ich bin sicher, dass Sie das können; ich weiß nur nicht, ob Sie es wollen. Jeder, der an Unsinn glauben kann - wie z.B. dass es furchtbar ist, wenn Dinge schief gehen, oder dass sie absolut nicht so sein dürfen – kann sich davon distanzieren, diesen Unsinn weiter zu glauben. Wenn Sie also weiter daran arbeiten, immer wenn Sie deprimiert sind, Ihren eigenen Unsinn in Frage zu stellen und zu disputieren, werden Sie ihn allmählich ablegen und dahin kommen, nur noch selten spontan solchen Unfug zu glauben. Erforderlich ist nicht nur die Einsicht, dass es Unsinn ist, sondern – *Üben, Üben, Üben*, es aufzugeben, es aufzugeben, es immer wieder aufzugeben bis Sie wirklich über diese Hürde gesprungen sind."

Üben!

Paul arbeitete in der Tat daran. Ich sah ihn in der Einzelberatung nur ein halbes Dutzend mal, dann schloss er sich einer meiner Gruppen an und nahm schließlich an einer wöchentlichen Gruppensitzung etwa 30 Wochen lang teil. Er besuchte ferner einen Workshop für Führungskräfte in unserem Institut. Hierdurch, unterstützt durch das Studium von Büchern und Broschüren über REVT, war er in der Lage, sich gründlich selbst zu helfen und seine Depressionen zu überwinden. In den vergangenen Jahren ist er trotz verschiedener ernsthafter Schwierigkeiten – einschließlich dem Tod seines Vizepräsidenten – nicht mehr depressiv gewesen, hauptsächlich weil er nicht mehr allzu viel Zeit und Energie dafür aufbrachte, sich selbst zu deprimieren.

Trauer ist nicht Depression

Will das R.E.T. den Leuten beibringen, dass sie niemals über irgendetwas depressiv werden müssen – auch nicht über den Tod eines geliebten Menschen oder den Bankrott eines Unternehmens? Ja, das will es in der Tat. Depression richtig definiert bedeutet nämlich nicht nur großen Kummer, Traurigkeit oder unglücklich sein, sondern auch Selbstabwertung, Selbstmitleid und ein Gefühl vollkommener Hoffnungslosigkeit. Wenn Sie sich sagen: „Ist es nicht Pech, dass meine Firma Schwierigkeiten hat? Ich werde äußerst enttäuscht und frustriert sein, wenn sie wirklich in Konkurs geht," werden Sie sich sehr traurig und unglücklich fühlen. Wenn Sie aber depressiv sind, werden Sie sicherlich andere nicht stichhaltige Argumente hinzufügen wie z.B.: „Ist es nicht furchtbar, dass meine Firma Bankrott macht? Mit mir muss etwas nicht stimmen, wenn ich sie nicht vor dem Konkurs bewahren kann. Wie kann ein Versager wie ich in einer Welt, in der solche schrecklichen Dinge passieren, weiter fröhlich sein? Wenn wir jetzt Pleite machen, werde ich niemals wieder eine Position bekommen oder irgendwie sonst noch einmal Erfolg in dieser rauen Welt haben!"

Wenn Sie nämlich frustriert werden, werden Sie sich natürlich traurig und enttäuscht fühlen - es sei denn, Sie wären davon überzeugt, dass es gut ist, so benachteiligt zu sein - dann könnten Sie selbst wohl sogar wieder fröhlich sein. Aber sich depressiv oder verzweifelt zu fühlen, bedeutet in Wirklichkeit, dass Sie sich daran stören, frustriert zu sein, dass Sie darüber jammern und verlangen, die Welt müsse so beschaffen sein, dass Sie niemals stark frustriert, beunruhigt oder enttäuscht sind. Depression ist wie Kummer ein „natürliches" Produkt von Frustration, insbesondere langanhaltender und großer Frustrationen. Während es für Sie aber außerordentlich schwierig, manchmal auch gar nicht gut ist, Ihre traurigen Gefühle über die unangenehmen Aktivierenden Ereignisse zu unterbinden, so ist es weniger schwierig und sehr wünschenswert, die Entwicklung von Depressionen zu stoppen.

R.E.T. ermutigt uns deshalb geradezu, über die wirklichen Probleme, die wir privat oder im Beruf erleben, traurig und unglücklich zu sein – denn Rationale Sensitivität steht nicht im geringsten Widerspruch zu Emotionen, sondern fördert ganz im Gegenteil angemessene, hilfreiche Emotionen, wie Traurigkeit und Bedauern –, die nämlich motivieren, über die Auslösenden Ereignisse nachzudenken und unser Bestes zu versuchen, sie zu überwinden und ihr Wiederauftauchen zu verhindern. R.E.T. rät dagegen von Depression und Verzweiflung ab – weil sie diese Gefühle für unangemessen hält: Sie sabotieren den effektiven Umgang mit unerfreulichen Lebensereignissen und lassen uns als Manager oder als Individuum weniger erfolgreich sein.

„Albert Ellis in action, im Friday Night Work Shop in New York City (fotografiert von Detlef Staadt)"

9 Die Tough Shit Methode zur schnellen Selbsthilfe bei emotionalen Blockaden

Das Rationale Effektivitäts-Training (R.E.T.) ist kein Wundermittel. Es wirkt, weil Sie es bewirken. Und es wirkt,

- weil es auf einem grundlegenden Verständnis der sogenannten menschlichen Natur beruht, die – ob wir es mögen oder nicht – untrennbar verbunden ist mit irrationalem Denken und als Folge davon mit selbstschädigenden Gefühlen,
- weil es uns zeigt, was dennoch getan werden kann, um dieses irrationale Denken zu ändern und dadurch emotionale Blokkaden zu minimieren oder zu beseitigen. Wenn Sie dieses Buch bislang sorgfältig gelesen haben, werden Sie bereits erkennen, dass dem R.E.T. eine leicht verständliche, zielorientierte Methode zugrunde liegt[10], die unmittelbar und rasch auf den philosophischen Punkt aller möglichen emotionalen Störungen kommt und uns eine effektive, wissenschaftlich begründete Hilfestellung zu ihrer Bewältigung gibt.

Wenn man das A-B-C Modell des R.E.T. anwendet, lässt sich fast jede störende oder dysfunktionale emotionale Consequenz praktisch eines jeden Menschen auf ihre grundlegenden ideologischen Ausgangspunkte zurückverfolgen. Diese können dann so wirkungsvoll erschüttert werden, dass sie in der Regel sehr schnell verschwinden. Mit Hilfe des R.E.T. wird die Fähigkeit gefördert, zukünftig anders über möglicherweise störende Aktivierende Erfahrungen oder Ereignisse zu denken, diese viel weniger wichtig zu nehmen, die inneren Dialoge bezüglich dieser Ereignisse zu verändern, und letztlich hierdurch zu lernen, sich darüber nicht mehr allzu sehr zu beunruhigen. Im Ergebnis werden wir uns dann weniger leicht aus der Ruhe bringen lassen und zukünftig nur noch selten zu Überreaktionen neigen.

Gibt es besonders schnelle Methoden, mit denen Sie Ihre emotionalen Probleme verstehen, sie in Frage stellen und sich dadurch von überflüssigen, selbst herbeigeführten Blockierungen auf dem Weg zu einem effektiven Manager (und fröhlicheren Menschen) befreien können? Ja, es gibt einige solche Methoden – sie erfordern aber zunächst viel Nachdenken und Üben, um sie im „Ernstfall" rasch verfügbar zu machen und schließlich zu automatisieren. Wir werden jetzt zur Vervollständigung dieses Buches einige dieser Kurzmethoden näher ausführen.

Der erste – und vielleicht der wirkungsvollste – Weg zur Befreiung von emotionalen Blockaden besteht darin, dass Sie zwei der stärksten

[10] *Weil das R.E.T. abgeleitet ist aus den Erkenntnissen und Techniken der Rational-Emotiven Therapie (RET), einem weltweit anerkannten Psychotherapiesystem*

und hilfreichsten Wörter entschlossen gebrauchen – zwei Wörter, die eine der elegantesten Antworten auf wahrscheinlich alle vorstellbaren emotionalen Schwierigkeiten ergeben.

„Soll damit behauptet sein," werden Sie sich ungläubig fragen, „dass es zwei Worte gibt, die leicht verständlich sind und praktisch bei jeder vorstellbaren emotionalen Blockade angewandt werden können? Und wenn ich sie richtig gebrauche, werde ich nicht mehr länger an schweren Problemen leiden müssen?"

Nun, nicht ganz so. Das ist etwas zu übertrieben formuliert. Menschen sind nämlich, weil sie nun einmal Menschen sind, geradezu geschaffen für das Erleben von Ängsten, Depressionen, Wutausbrüchen und anderen psychologischen Schwierigkeiten – wenigstens gelegentlich oder periodisch. Es ist einfach unrealistisch, wenn wir erwarten wollten, dass wir uns vollständig von emotionalen Belastungen befreien könnten.

„Sie sagen aber, dass ein Mensch meist und in fast jeder Situation durch den Gebrauch zweier einfacher Worte den überwiegenden Teil seiner Störungen verringern oder beseitigen kann. Ist das richtig?"

Das ist richtig! Noch genauer behaupten wir, dass es zwei Worte gibt, die Menschen ständig verwenden und die 99% ihrer psychologischen Probleme verursachen; und dass es zwei andere Worte gibt (die – allerdings dann weniger wirksam – auch auf eines reduziert werden können), die wir gebrauchen könnten, um fast alle neurotischen Probleme zu beseitigen, die wir uns mit den ersten beiden Worten geschaffen haben.

„Sie wollen mich auf den Arm nehmen! Wollen Sie ernsthaft behaupten, dass alle wissenschaftlichen Ergebnisse und komplexen Befunde über persönliche Anpassungsstörungen, die in den letzten 2000 Jahren entdeckt und insbesondere durch intensive Untersuchungen von Sigmund Freud, Alfred Adler, C.G. Jung und ihre vielen Schüler erforscht wurden, in nur zwei Worten zusammengefasst werden können? Und dass dieselben komplexen Verhaltensstörungen dann von der betroffenen Person selbst gelöst werden können, wenn sie zwei andere Worte benutzt?"

Nun, wir scherzen nicht; und wir meinen genau das. Natürlich gibt es für diese Schlüsselwörter, die wir nun entwickeln wollen, viele Variationen und unterschiedliche Bedeutungen. Und sie können auf vielerlei ernste oder weniger ernste, intensive oder halbherzige Weise angewandt werden. Deshalb behaupten wir nicht, dass sie immer von gleicher und langanhaltender Wirkung sind. Wenn sie aber richtig gebraucht (und nicht oberflächlich missbraucht) werden, bewirken sie fast regelmäßig Wunder für die emotional aufgewühlte Person.

„Das klingt mir zu einfach, um wahr zu sein. Ich kann es aber kaum noch aushalten, die Details zu erfahren. Wie lauten als zunächst die zwei Worte, die vermutlich fast alle emotionalen Störungen verursachen?"

Sie lauten: „Wie entsetzlich!" Oder als übliche Variationen: „Wie furchtbar!", „Mein Gott!", „Wie schrecklich!", „Eine Katastrophe!". Lassen Sie uns das erklären.

Immer wenn Sie am Punkt **C** aufwühlende emotionale Consequenzen in Form von *Angst, Depression, Minderwertigkeitsgefühl oder Feindseligkeit* spüren, dann sind nahezu regelmäßig solche Gedanken beteiligt: „Wie entsetzlich, dass ich nicht befördert werde!" „Wie schrecklich, dass meine Frau mich nicht mehr liebt!" „Wie furchtbar, dass unsere Verwaltungsspitze weiß, dass ich den Lagerverkauf vermasselt habe!" Selbstverachtung kommt nämlich niemals nur von Ihrer Beobachtung oder Wahrnehmung, dass Sie im Beruf, in Ihrer Ehe, in Ihren privaten Beziehungen oder in irgendeinem anderen Lebensbereich Fehler gemacht haben, sondern von Ihrer (persönlichen) Bewertung, es sei entsetzlich, in diesen Bereichen versagt zu haben.

Immer wenn Sie – wieder am Punkt **C** – emotionale Consequenzen in Form von *starker Wut, Ärger, feindseliger Gefühle, Rachsucht oder anderer Hassgefühle* spüren, dann dürften Ihre inneren Dialoge etwa wie folgt lauten: „Wie entsetzlich, dass der lausige Chef mich nicht genug zu schätzen weiß!" „Wie furchtbar, dass meine Mitarbeiter ständig blöd und unfähig handeln!" „Wie schrecklich, dass meine Frau so unkritisch und unsensibel ist!" „Wie furchtbar, dass diese Idioten im Aufsichtsrat denken, ich hätte den Lagerverkauf vermasselt, obwohl ich es gar nicht war!" Denn auch in diesen Beispielen entstammen die Verurteilungen anderer Personen nicht aus Ihrer Beobachtung oder Wahrnehmung, dass diese Menschen sich fehlerhaft verhalten oder Sie ungerecht behandelt haben. Stattdessen resultieren sie aus der selbstgerechten, grandiosen Überzeugung, dass es furchtbar sei, dass diese Personen Sie nicht so behandelt haben, wie sie es hätten tun müssen.

Immer wenn Sie am Punkt **C** selbstschädigende emotionale Consequenzen in Form von *überwältigender Frustration, Antriebsschwäche, Hemmungen, unverantwortlicher Drückebergerei* und ähnlichen Ausprägungen niedriger Frustrationstoleranz (was oft „Faulheit" genannt wird) spüren, dann sprechen Sie mit sich selbst etwa so: „Wie furchtbar, dass eine Ehe so schwierig ist, dass ich vermutlich mit meiner Frau nicht glücklich werden kann!" „Wie schrecklich, dass die Dinge so liegen, dass ich vermutlich kein wirklich effektiver Manager werden kann!" „Wie entsetzlich, dass der Boss mich für blöd hält, obwohl ich doch wirklich Klasse bin!" Wieder entsteht die Katastrophensicht der Welt und ihrer Bedingungen nicht aus Ihrem Wissen darüber, dass die Dinge unvollkommen sind und das Leben hart. Sie entspringt hingegen aus einer weinerlichen, kindischen Überzeugung, dass es schrecklich sei, wenn die Welt so grimmig und rau ist und es so nicht sein sollte.

Emotionale Störungen und Blockaden entstehen also praktisch immer aus einer unrealistischen, übertriebenen Schuldzuweisung – Schuldzuweisung an sich selbst, an andere, an die Lebensbedingungen insgesamt. Wenn Sie neurotisch handeln, bestrafen Sie generell Personen und Dinge in ihrer Gesamtheit, von denen Sie einige Aspekte unerfreulich finden. Statt zu erhoffen, zu *wünschen und vorzuziehen*, dass diese Personen und Dinge bessere Eigenschaften haben, *fordern und befehlen* Sie, dass sie sich unverzüglich und vollständig verbessern müssten. Und endlos sagen Sie zu sich: „Wie schrecklich, wie entsetzlich, wie furchtbar!", wenn diese Personen und Dinge sich nicht wie von Zauberhand, in allen Bereichen und ganz spontan gemäß Ihrer Wünsche ändern.

„Aber das scheint mir doch kaum möglich, dass alle meine emotionalen Blockaden daher stammen sollen, dass ich glaube, etwas sei furchtbar und dürfte so nicht sein."

Es mag kaum möglich erscheinen, erweist sich aber immer wieder als wahr, dass wir praktisch jedes Mal, wenn wir uns richtig aufregen, zuvor katastrophisiert und mussturbiert haben.

„Mmm. Vielleicht. Aber, einmal angenommen, das stimmt, wie kann ich dann diesen Teufelskreis unterbrechen, indem ich einfach zwei Zauberworte gebrauche?"

„Das können Sie nicht. Soweit wir wissen, gibt es im Universum keine Zauberei. Sie können zwei wirkungsvolle Worte gebrauchen – d.h. indem Sie energisch daran glauben –, wenn Sie schnell Ihr Katastrophisieren und Mussturbieren unterbinden wollen."

„Welche Worte? Ich kann es kaum noch aushalten, sie endlich zu hören!"

Die zwei Worte, die wir üblicherweise empfehlen, heißen: **„Tough shit**" – **bzw. „Verdammter Mist**." Wenn Sie fest an diese Worte und die grundlegende Philosophie hinter ihnen glauben, werden Sie augenblicklich beginnen, Ihre extremen Gefühle von Angst, Depression und Scham abzubauen und sich von emotionalen Blockaden zu befreien.

„Was meinen Sie mit grundlegender Philosophie hinter ihnen?"

Einfach, dass diese Worte eine Kurzfassung längerer Überlegungen sind wie z.B.: „Tough shit! Verdammter Mist! – so war das also: ich habe einen Fehler gemacht. Aber warum kann ich diese Tatsache nicht akzeptieren und probieren, weniger unvollkommen zu werden – z.B. daran arbeiten, meinen Job besser zu machen, so dass ich vielleicht später befördert werde, was mir jetzt noch nicht gelungen ist. Aber auch wenn ich niemals perfekt werde und niemals die erwünschte Beförderung bekomme, dann ist das immer noch einfach nur: Verdammter Mist! Es ist nicht entsetzlich – nur sehr unangenehm. Und ich kann einen Weg finden, relativ glücklich zu werden, selbst wenn ich immer noch viele Fehler mache und dadurch große Schwierigkeiten habe."

„Ah, ich verstehe. Und wie lautet die lange philosophische Version, mit der ich mich überzeugen kann, schnell mit den intensiven Gefühlen von Ärger und Wut fertig zu werden?"

Diese Philosophie heißt in etwa: „Tough shit! Verdammter Mist! – so ist der Boss nun mal: er mag mich nicht. Ich sollte die unangenehme Wahrheit besser akzeptieren und sehen, was ich tun kann, um ihn vielleicht in meinem Sinne umzustimmen. Aber auch wenn ich das nicht schaffe, ist das lediglich: Tough shit! Verdammter Mist! Er ist kein Schwein, weil er diesen Fehler hat. Er hat ein Recht, Fehler zu machen, auch wenn ich das nie gut finden werde, weil es mich betrifft. Und ich kann entweder gelassen in der Firma bleiben und versuchen, mich trotz seiner Ablehnung wohl zu fühlen, oder ich kann mich in Ruhe nach einem anderen Job umsehen, wo der Chef vielleicht etwas mehr von mir hält."

„Ich verstehe. Und ich glaube jetzt, dass ich selbst die Langfassung der Philosophie erahnen kann, die ich bei Gefühlen der niedrigen Frustrationstoleranz anwenden kann."

Ja, das können Sie bestimmt. Versuchen Sie es jetzt doch einmal:

Übung 5 Versuchen Sie es selbst, bevor Sie weiterlesen!

____

____

____

____

Tough-Shit-Übung

„O.K., lassen Sie mich nachdenken. Tough shit! Verdammter Mist! – meine Ehe ist also eine schwierige Sache, die es mir fast unmöglich macht, mit meiner Frau glücklich zu werden. Wenn ich aufhöre, mir törichterweise einzureden, dass es schrecklich sei, weil es so schwierig ist, und dass nicht sein darf, was ich nicht mag – dann kann ich vermutlich einige Schwierigkeiten beseitigen und doch besser mit meiner Ehe zurechtkommen. Und wenn sich herausstellt, dass das ganz und gar unmöglich ist, ist das immer noch nur: Tough shit! Verdammter Mist! Ich kann immer noch ein ziemlich glückliches Leben führen, selbst wenn ich mich scheiden lasse."

Richtig! Sie sehen, wie Sie blitzschnell die „Tough shit" bzw. „Verdammter Mist!" - Philosophie einsetzen können - und damit zur Erkenntnis gelangen, dass nichts geheiligt, aber auch nichts teuflisch ist. Ihr Verhalten, das Verhalten anderer, die Lebensumstände sind oft sehr hart. Wie wahr! Jedoch: Wieso dürfen sie das nicht? Wieso ist das schrecklich? Warum sollten Sie kein einigermaßen ruhiges und zufriedenes Leben führen können, selbst wenn Sie, andere Leute oder die Welt sich nicht positiv all Ihren Wünschen entsprechend entwickeln?

„Ich beginne, besser zu verstehen, was Sie meinen."

Prima! Sie müssen nun nicht exakt dieselbe Sprache gebrauchen, die wir üblicherweise den meisten Menschen empfehlen. Wenn Ihnen die Worte „Tough shit“ oder „Verdammter Mist!" zu aggressiv erscheinen, können Sie freundlichere Versionen wie „Wie blöd!" oder „Zu dumm!" wählen. Oder einfach nur ein Wort wie „Blöd!" oder eine andere eigene Variation[11].

Die genauen Formulierungen spielen keine große Rolle, aber die Idee ist wichtig. Es ist nämlich nicht furchtbar, entsetzlich, schrecklich oder katastrophal, wenn

- Sie nicht befördert werden,
- Sie nicht so erfolgreich sind wie Sie gerne wären,
- Ihre Frau Sie weniger als früher liebt,
- oder die Geschäftsleitung Ihnen vorwirft, den Lagerverkauf versaubeutelt zu haben.

Leider glauben wir so etwas nur zu leicht und vertreten geradezu dogmatisch die Katastrophensicht der Welt. Warum? Weil es offensichtlich der menschlichen Natur entspricht, oftmals verschlungen zu denken und nur all zu leicht dickköpfig bis an unser Lebensende an unsinnigen Überzeugungen festzuhalten. Der Gedanke, dass ein Ereignis furchtbar sei, macht es aber nicht dazu und ist kein Beweis dafür. Er wird uns in den meisten Fällen lediglich das Gefühl vermitteln, dass es entsetzlich sei, uns also in einen entsprechenden emotionalen Zustand versetzen.

[11] *Allerdings ist es nach unserer Erfahrung besser, „deftige" Worte zu gebrauchen, da hinter solchen mehr „Power" steckt.*

Mit anderen Worten: Es existiert um uns herum eine von uns ziemlich unabhängige Realität, die ganz real einige eindeutige Vor- und Nachteile für uns bereit hält. Wenn Sie sich vor einer geplanten Weltreise das Bein brechen, kann sich das zu einer recht positiven Angelegenheit entwickeln. Sie könnten nämlich mit einem gebrochenen Bein besondere Privilegien im Flugzeug genießen, es könnte Ihre Frau veranlassen, besonders nett zu Ihnen zu sein, Sie könnten langweilige Ausflüge absagen, zu denen Sie sich sonst verpflichtet gefühlt hätten und so weiter und so fort. Es ist aber viel wahrscheinlicher, dass ein gebrochenes Bein in dieser Situation mehr Nach- als Vorteile beinhaltet, und dass Sie die Reise mit zwei gesunden Beinen mehr genießen würden. Die Aktivierenden Ereignisse, die Sie am Punkt **A** erlebt haben, bestimmen tatsächlich teilweise Ihr Leben; es ist also normalerweise viel schöner, wenn es sich dabei um vorteilhafte Geschehnisse handelt. Folglich ist es verdammt unbequem, wenn diese Ereignisse negativ sind; es ist aber kaum furchtbar[12].

Wenn Sie also am Punkt **A**, wenn ein negatives Ereignis eintritt (oder die Gefahr besteht, dass ein solches eintreten wird), energisch und rasch zu sich selbst „Tough shit! Verdammter Mist!" „Zu dumm!" „Blöd!" oder ein vergleichbares Schlüsselwort mit rationalem Hintergrund sagen, dann beschreiben Sie die Realität korrekt und nicht magisch (und reagieren angemessen darauf): Sie übertreiben nicht, verallgemeinern nicht, katastrophisieren nicht die unschönen Aspekte der Wirklichkeit, sondern akzeptieren sie wie sie ist und denken schließlich: „O.K. Die Welt ist hart. Besser ich akzeptiere also das Schlechte ebenso wie das Gute. So ist das Leben. Was kann ich nun machen, um mein Leben etwas weniger hart, etwas weniger unglücklich zu machen? Und wie schütze ich mich davor, über diese Schwierigkeiten zu jammern, damit ich mehr Zeit und Energie dafür habe, sie zu minimieren oder zu beseitigen?"

Manche Menschen tappen allerdings in eine Falle, wenn sie darüber nachdenken, wie sie das „Furchtbare" an den nachteiligen Aktivierenden Erfahrungen in ihrem Leben bekämpfen können. Statt sich am Punkt **B** zu sagen „Zu dumm!" oder „Was bleibt mir anderes übrig?", wechseln sie flugs zu „Na und?" oder „Was soll's?". Das aber beinhaltet ebenfalls eine Verdrehung der Fakten und eine unzulässige Verallgemeinerung, weil es aussagt, dass es wirklich überhaupt nichts zu bedeuten habe, ob man befördert wird, die Zuneigung seiner Frau verliert, Probleme mit Mitarbeitern hat oder sich schwerwiegende Vorwürfe vom Chef einhandelt. Doch so ist es ja nun auch nicht! Wie oben beschrieben, ist es zwar nicht das schlimmste, was passieren kann, wenn Sie sich

[12] *Worte wie „furchtbar", „entsetzlich", eine „Katastrophe" sind magisch in dem Sinne, dass sie so etwas bedeuten wie: Nichts Schlimmeres existiere, etwas sei mehr als 100% negativ.*

das Bein vor einer Weltreise brechen, es spielt aber tatsächlich eine unangenehme Rolle.

Deshalb treten wir bewusst für die Formel „Tough shit! Verdammter Mist!" ein, um katastrophisierendes und musstubierendes Denken zu unterbrechen. Diese Worte sind in ihrer Kürze nämlich kraftvoll, energisch und kaum falsch zu verwenden. Wenn Sie also, falls z.B. Ihr Vorgesetzter Ihre beruflichen Leistungen nicht richtig anerkennt und nur als unzureichend einstuft, vernünftigerweise zu sich sagen „Zu dumm!" oder „Wie blöd! statt „Wie schrecklich!", dann sind Sie bestimmt auf dem richtigen Weg. Die Formel „Zu dumm!" ist aber nicht sehr kraftvoll und führt daher leicht zu folgendem (falschen) Schluss: „Nun, ich denke, ich muss mich mit diesem miesen Verhalten meines Vorgesetzten abfinden. Was bleibt mir anderes übrig?" Eine zu „sanfte" Formel kann also schnell zu Beschönigungen führen und Sie vergessen lassen, wie unangenehm die Situation wirklich ist, sodass Sie sich vorschnell geschlagen geben, indem Sie eine Situation tolerieren, die Sie vielleicht verändern könnten.

Die Formel „Tough shit! Verdammter Mist!" hat dagegen eine beachtlich stärkere und motivierende Bedeutung.

Sie impliziert nämlich,

1. dass das Aktivierende Ereignis, das uns am Punkt **A** bei unserer Arbeit oder in unserem Glück stört, in der Tat unbequem und unerfreulich und daher unerwünscht ist.
2. dass diese unerfreuliche Situation eine gezielte Anstrengung von uns verlangt, damit wir sie ändern können – z.B. den Vorgesetzten davon zu überzeugen, dass Sie ein wertvollerer Mitarbeiter sind als er es sich vorstellt.
3. dass wir, wenn wir die nachteilige Situation am Punkt **A** nicht sofort ändern können, besser nach Alternativen Ausschau halten sollten, die uns dabei helfen können, später Änderungen vorzunehmen. So mögen Sie vielleicht aus praktischen Gründen zum jetzigen Zeitpunkt nicht kündigen oder in eine andere Abteilung versetzt werden wollen. Sie können aber durchaus bereits jetzt planen, auf welchem Wege Sie später einmal die Firma verlassen werden, wenn Ihr Vorgesetzter Vorurteile gegen Sie hat und Ihnen das Leben schwer macht.
4. dass die gegenwärtige Situation ziemlich hart ist, es aber keinen Grund gibt, warum sie das nicht sein sollte oder sein dürfte. Es ist

hart, wenn sich die Welt im allgemeinen keinen Pfifferling um uns schert und das vermutlich auch niemals tun wird. Aber so ist nun einmal diese Welt und so sind die Menschen! Niemand hat Ihnen einen Rosengarten versprochen, und wer das getan hat, hat sich gründlich geirrt. Tough shit!

5. dass, selbst wenn alle Versuche der Veränderung von **A** sich im Moment oder auf Dauer als nutzlos erweisen, die Verhältnisse lediglich unangenehm, aber nicht entsetzlich, furchtbar, schrecklich sind. Sie sind auszuhalten. Sie können weiterhin bekämpft werden. Wir müssen nicht denken, dass die Welt untergeht oder dass wir niemals mehr glücklich werden können. Was (bei Punkt **A**) passiert ist, bewirkt einen gewissen Grad von Schmerz und Unbequemlichkeit; es zwingt uns aber keineswegs allen Schmerz der Welt auf oder beraubt uns aller Freuden.

Problematische Kurzworte

Das sind die Gründe, warum wir empfehlen, Power-Kurzworte einzusetzen. Vorsicht jedoch vor problematischen Kurzformeln wie in folgenden Beispielen: Nehmen Sie an, Ihr Chef will oder kann Ihre Begabungen nicht sehen und lehnt Ihren Beförderungswunsch brüsk ab. Zunächst lautet Ihr innerer Dialog:

„Wie furchtbar! Das kann ich nicht ertragen!"

Dann aber entscheiden Sie sich nach einiger Überlegung klugerweise, diesem Unsinn zu widersprechen und denken wie folgt:

„Weg mit dem Gedanken! Ist 'Wurscht'!"

Das wäre nun der gleiche Fehler wie die „Was soll's-Einstellung", über die wir einige Abschnitte zuvor gesprochen haben. Denn: In Wirklichkeit spielt es eine Rolle, was Ihr Chef von Ihrer Arbeit und Ihnen hält; und wenn Sie das mit „Ist 'Wurscht'!" kommentieren, dann verallgemeinern Sie in kritikloser Weise zum eigenen Schaden.

Oder Sie sagen sich über Ihren Chef:

„Zur Hölle mit ihm!"

Auch das wäre falsch, weil „Zur Hölle mit ihm!" nicht nur bedeutet:

„Ich bin mit seiner Einschätzung meiner Leistung und meiner Person nicht einverstanden, deshalb werde ich bei meiner eigenen Ansicht bleiben und ihm zeigen, dass er Unrecht hat, oder mich nach einer anderen Position umsehen."

Es bedeutet nämlich zusätzlich:

„Er liegt mit seiner Ansicht völlig daneben; daher ist er ein ganz dummer Mensch! Er darf mich nicht so ungerecht beurteilen!"

„Zum Teufel damit! Zur Hölle mit ihm!" und ähnliche Kraftausdrücke haben zwar Power (Kraft!) und können zumindest vorübergehend unangemessene Minderwertigkeitsgefühle zum Schweigen bringen. Sie „verhelfen" uns aber auch zu trügerischen größenwahnsinnigen Vorstellungen und feindseligen Einstellungen – und schaffen damit neue Probleme.

Weit besser ist es daher, wenn Sie sich im obigen Beispiel statt „Zur Hölle mit ihm!" „Zur Hölle mit seinen Ansichten!" sagten. Dadurch würden Sie wesentlich deutlicher die realistische Einsicht fördern, dass der Chef ein fehlbarer Mensch und kein dummer Hund ist (Sie sich aber mit seinen Fehlurteilen über Ihre Leistungsfähigkeit und Ihre Person nicht einverstanden erklären müssen).

Kurzformeln sollten außerdem, um möglichst wirksam zu sein, angemessen und überlegt – und nicht schlampig – gebraucht werden. Dies gilt gleichermaßen, ob Sie diese im inneren Dialog oder in einer offenen Aussprache verwenden. Sie können bei richtigem Gebrauch nämlich für beide Bereiche hilfreich sein. Wenn Sie jetzt oder in naher Zukunft eine Top-Führungskraft werden wollen, sollten Sie im Gespräch mit Ihren Mitarbeitern eine aufrichtige, direkte, klare und überzeugende Sprache sprechen. Wenn Sie nämlich ständig sagen: „Bitte, Herr Präsident, erlauben Sie, dass ich einen Vorschlag mache?" oder „Sehen Sie, John, ich bin schrecklich verärgert, weil Sie ständig zu spät kommen," dann werden Ihre Vorgesetzten, gleichgestellten und nachgeordneten Mitarbeiter Sie alle für einen netten Kerl und richtigen Gentleman halten, gleichzeitig aber für ziemlich nachgiebig und daher glauben, dass sie sich mit Ihnen einiges erlauben könnten.

Wenn Sie andererseits mit Ihren Mitarbeitern etwa so sprechen: „Wissen Sie, Herr Präsident, ich habe da einen sehr guten Vorschlag!" oder „Wissen Sie, John, ich halte Ihre ewigen Verspätungen für eine ziemliche Unhöflichkeit", dann werden Ihre Kollegen wahrscheinlich einen klaren Standpunkt aus Ihren Worten heraushören und Ihre Gedanken und Kommentare ernst nehmen.

Zurück zum Hauptpunkt dieses Kapitels. Kurzformeln – im eigenen inneren Dialog wie im Gespräch mit anderen – sollten mit Bedacht gebraucht werden: Es gilt sich davor zu bewahren, allzu rasch über wichtige Aspekte der Selbst- oder Fremdkommunikationen hinwegzuhuschen. Unbedacht angewendet, können solch kurze Statements zu oberflächlich erscheinender Akzeptanz – eigentlich jedoch zu Nicht-Akzeptanz – eines wichtigen Problempunktes führen. Zum Beispiel können Sie zu sich sagen:

„Oh ja, so ist das Leben eben," wenn etwas in Ihrem Leben schief geht. Und Sie können dann denken, dass Sie etwa von Folgendem überzeugt sind:

„Ich habe alles Menschenmögliche getan, um den Chef zu überzeugen, dass es wesentlich besser wäre, jetzt bei den niedrigen Preisen viele Sachen einzukaufen, als bis zum Herbst zu warten, wenn die Preise wahrscheinlich schon wieder angezogen haben. Aber unglücklicherweise sind meine großen Anstrengungen fehlgeschlagen und ich kann jetzt nichts mehr dafür tun. Ach ja, so ist es eben. Ich werde die Tatsache akzeptieren müssen, dass wir in diesem Jahr weniger Gewinn machen, weil ich den Chef nicht überzeugen konnte."

Tatsächlich meinten Sie jedoch vielleicht:

„Was für eine sturer Bock ist unser Chef doch! Es ist einfach zu schwierig, mit ihm zu sprechen, warum sollte ich es dann überhaupt versuchen? Auch wenn ich ihm von meiner Idee, besser jetzt wegen der niedrigen Preise zu kaufen, noch nichts gesagt habe, bin ich doch sicher, dass er diese Idee niemals aufgreifen würde und vermutlich Leute wie mich wie die Pest hassen würde, weil sie so clevere Vorschläge machen. Oh ja, so ist das Leben eben. Dann lasse ich ihn eben so verdammt stur und dumm wie er ist!" Mit dieser Art rationalisierendem d.h. scheinvernünftigem Denken, würden Sie zu schnell aufgeben und Ihre Bemühungen, Ihren Chef zu überzeugen, zu früh einstellen.

Daher Vorsicht und Umsicht beim Gebrauch der Kurzformeln! Dennoch können wir als Fazit festhalten:

Fast alle emotionalen Blockaden gehen auf den Gebrauch von irrationalen automatischen Gedanken und Kurzformeln im Sinne von „Wie furchtbar!" etc. zurück. Und fast alle diese Blockaden können schnell und wirksam durch in-Frage-stellende und attackierende Gedanken wie „Tough Shit! Verdammter Mist!" usw. überwunden werden. Probieren Sie doch einmal eine dieser entkrampfenden und entkatastrophisierenden Kurzformeln aus, um zu erleben, wie Sie gelassener werden können. Was haben Sie dabei zu verlieren?

Achten Sie auf Ihre Kurzformeln!

Übung 6

Im Autogenen Training, das der Berliner Nervenarzt J.H. Schultz aus den Erfahrungen der Hypnose entwickelte, ist die Verwendung von Kurzformeln bzw. der formelhaften Vorsatzbildung ein wesentlicher Bestandteil.

Welche Kurzformeln benutzen Sie?

Welche Ergebnisse bewirken sie?

A Schwierige Arbeitssituation	B Wirksame Kurzformel	C Consequenzen im Gefühl und im Verhalten

10 Weitere schnelle Hilfen gegen emotionale Blockaden

Tough-shit and more

Das Schöne an der „Tough shit! Verdammter Mist!"-Methode ist, dass sie wirklich sofort eingesetzt werden kann und bei beständiger Anwendung zu grundlegenden lebensphilosophischen Effekten für Ihr Denken und Ihre Lebenspraxis führt. Wenn Sie nämlich ängstlich oder depressiv sind, feindselige oder wütende Gefühle verspüren oder zögerlich und „faul" sind, werden Sie, wenn Sie Ihre katastrophisierenden Gedanken sofort und energisch aufspüren und sie vehement attackieren, fast immer ein gutes Stück Entspannung, Erleichterung, Rückbesinnung und innere Reorganisation erleben. Wenn Sie sich wirklich – und sei es auch nur gelegentlich – davon überzeugen, dass es nichts als „Verdammter Mist" ist, wenn Sie Fehler machen, wenn andere Sie rücksichtslos behandeln und wenn das Leben hart ist, dann werden Sie schnell Ihre Ängste, Ihre Hassgefühle und geringe Frustrationstoleranz loswerden. Und wenn Sie die Methode viele Male angewandt haben, werden Sie diese unangemessenen, selbstschädigenden Emotionen kaum noch erleben, selbst wenn Ihre Aktivierenden Lebensereignisse am Punkt A auch weiterhin außergewöhnlich schwierig sind.

Rationale Vorstellungsübung

Es gibt jedoch noch einige weitere schnelle Hilfen, die Sie bei problematischen Gefühlen benutzen können, obwohl sie meist längere Übung erfordern, bevor sie gute und anhaltende Erfolge bringen. Methode Nummer 1 ist die Rational-Emotive Imagination (REI). Vorläufer dieser Imaginationstechnik wurden vor langer Zeit von H. Bernheim und anderen Pionieren der Hypnosebehandlung sowie von Emile Coué und seinen Schülern auf dem Gebiet der Autosuggestion entwickelt.

Nachteile des positiven Denkens

In ihrer ursprünglichen Fassung besteht Imagination oder Positives Denken darin, dass wir unser negatives Denken – in dem wir uns als fehlerbehaftete, unfähige oder wertlose Versager sehen – unterbrechen und uns stattdessen bewusst als eine Person, die Erfolg hat, die Aufgaben sehr gut bewältigt, gut und edel ist, vorstellen. Wir haben keinen Zweifel, dass Positives Denken zum Erfolg führen kann, und dass diejenigen, die es regelmäßig anwenden, allmählich die Gedanken aufgeben, dass sie keinen Erfolg haben oder schlechte Menschen sind.

Es gibt jedoch einige wichtige Nachteile der Methode des Positiven Denkens:

1. Positives Denken deckt das philosophische Konzept der Person, die sich als Versager fühlt, eher zu, als dass sie es durch ein hilfreichere Lebensphilosophie ersetzt. Es ist für den Betroffenen also

weiterhin möglich, sich zwar als Erfolgsmensch und wunderbare Person vorzustellen, sich andererseits aber gleichzeitig als wertlose Person zu sehen.

2. Positives Denken unterstreicht fälschlicherweise den Erfolg als Maßstab für menschlichen Wert. Die Botschaft lautet: „Du kannst gute Leistungen bringen, und deshalb bist du keine Null. Wenn du aber irgendwann wieder schwache Leistungen bringst, wirst du zu den endgültigen Versagern gehören!"
3. Positives Denken ist ohne philosophischen Tiefgang. Es versäumt es nämlich, zu zeigen, dass ein Mensch - außer durch willkürliche Definition im eigenen Kopf – gar kein wertloses Individuum sein kann, dass man sich nichts selbst beweisen muss (obgleich es schön ist, wenn man einige nachteilige Eigenschaften ändert), und dass jede Form von pauschaler Selbsteinschätzung oder globaler Beurteilung anderer unsinnig ist und letztlich zur Selbstabwertung führt.
4. Positives Denken hat lediglich lindernde Wirkung, weil die „positiv denkende" Person fast immer ihre Basic Philosophy unangetastet lässt, dass sie nichts wert sei, wenn sie Fehler macht oder von anderen nicht anerkannt wird. Daher „denkt" sie sich als überaus erfolgreich und von allen geschätzt und verfehlt damit den Punkt, sich einfach als einen fehlerhaften Menschen zu akzeptieren, gleichgültig ob sie Erfolg und Anerkennung hat oder nicht.

Um diese Nachteile des Positiven Denkens zu vermeiden, wurden neue Methoden durch einige hervorragende Psychotherapeuten – Joseph Cautela, Arnold Lazarus, Maxie C. Maultsby, Jr., Albert Ellis – eingeführt. Besonders die Rational-Emotive Imagination (REI) hat sich seither zu einem mächtigen Instrument der Psychotherapie fortentwickelt.

Sie können REI auf folgende Weise anwenden:
Immer wenn Sie glauben,

dass Sie etwas nicht schaffen und/oder dass es furchtbar sei und mit Ihnen etwas nicht stimme, weil sie das nicht schaffen,

stellen Sie sich vor, dass Sie

1. die Angelegenheit erledigen können und dass Sie diese Aufgabe gerade durchführen, und

2. dass Sie auch dann kein Versager sind, wenn Sie es bisher nicht geschafft haben und es zwar wirklich sehr schade ist, dass Sie versagt haben[13], aber keine schrecklichen Konsequenzen aus Ihrem Versagen resultieren werden.

Der erste Teil dieser Technik der REI ist der üblichen Form von Positivem Denken vergleichbar. Statt sich selbst als vollkommen unfähig zu sehen (z.B. vor größerem Publikum zu sprechen oder sich dem Vorstandsvorsitzenden Ihrer Firma bekannt zu machen), malen Sie sich aus, wie Sie diese Aufgaben adäquat bewältigen. Wenn Sie diese Art des Positiven Denkens üben, werden Sie häufig schaffen, was Sie sich bisher nicht zutrauten, es nach einer Weile auch recht gut beherrschen und schließlich automatisch denken, dass Sie kompetent sind. Negatives Denken ist ein so üblicher und verbreiteter - dennoch ungesunder - Teil der menschlichen Existenz, dass es durch Positives Denken oft minimiert oder fast beseitigt werden kann.

Der zweite Teil der REI ist jedoch wichtiger und ein einzigartiger Bestandteil im R.E.T. Denn egal, wie oft Sie sich auch ausmalen, erfolgreich z.B. öffentlich sprechen zu können, es wird Zeiten geben, in denen Sie versagen werden, denn alle Menschen machen unvermeidbar Fehler. Deshalb ist es utopisch, wenn Sie sich Techniken angewöhnen, die Ihnen weismachen, dass Sie nie wieder oder extrem selten versagen werden.

Im Rahmen des R.E.T. nehmen wir den Standpunkt ein, dass nichts – ja, wirklich nichts – extrem wichtig zu nehmen ist – z.B. auch nicht, wenn man häufig schwere Fehler macht. Viele Dinge, z.B. Erfolg zu haben, sind sicher sehr wichtig – in dem Sinne, dass angemessene oder hervorragende Leistungen deutlich zu unserem Wohlergehen beitragen. Daher ist das Bemühen um Erfolg mit Hilfe des nötigen Aufwandes von Zeit und Energie ein sinnvolles Unterfangen.

Wenn wir aber dennoch versagen, dann versagen wir. „Tough shit!" Dies ist nicht entsetzlich, schrecklich oder katastrophal!

Bei einem Wochenendgruppentreffen im DIREKT[14], das vor einiger Zeit unter Mitwirkung einiger Manager und Geschäftsführer stattfand, führte ein 35jähriger Unternehmer aus, dass er sich ständig über seine Mitarbeiter und viele andere Führungskräfte, mit denen er zu tun hatte, ärgerte. „Sie sind aber Hohlköpfe!" wiederholte er immer wieder in der Gruppensitzung. „Sie sind unglaublich doof! Und ständig handeln sie unglaublich unüberlegt und versuchen, mich übers Ohr zu hauen. Natürlich hasse ich sie! Und das tue ich gerne!"

[13] *Beachten Sie den Unterschied zwischen „Versager sein" und versagt zu haben: Wir Menschen sind niemals das was wir tun.*

[14] *Deutsches Institut für Rational-Emotive & Kognitive Verhaltenstherapie*

Auf Nachfragen von Gruppenmitgliedern gab dieser Manager dann aber zu, dass er beständig Kopfschmerzen und erhöhten Blutdruck habe, dass er einen Großteil seiner Energie statt für die Firma dafür verbrauche, sich über einige Kunden aufzuregen, und dass seine Firma ihm trotz seiner Leistungen und trotz seines Finanzgenies vielleicht bald kündigen werde, wenn er sein kindisches Verhalten nicht ändere. Die Gruppe versuchte daher, ihn davon zu überzeugen, dass er niemanden, weder innerhalb noch außerhalb der Firma, hassen müsse und er ganz Recht habe, ihr Verhalten außerordentlich unerfreulich zu finden, sie insgesamt als Personen aber nicht abwerten müsse. Er stimmte diesen theoretischen Überlegungen der Gruppe zwar zu, sagte dann aber: „In Ordnung. Aber wie kann ich das, was ihr mir vorschlagt, richtig in die Tat umsetzen? Wie verändere ich meine Einstellung und bringe mich dazu, mich nicht mehr so zu ärgern?"

Nach einigen Überlegungen, auf welche Weise er seine irrationalen Überzeugungen – also dass die Anderen vernünftig handeln sollen und müssen – in Frage stellen und sie (am Punkt D) disputieren könnte, gaben wir ihm die folgende Rational-Emotive Imaginationsübung (REI) als Hausaufgabe:

REI als Hausaufgabe

„Nehmen Sie sich an jedem Tag der nächsten 4 Wochen fünf Minuten Zeit für die folgende Imaginationsübung. Stellen Sie sich so lebhaft wie möglich vor, wie Sie sich mit einigen Leuten Ihrer Firma oder anderer Betriebe, deren Benehmen Sie für dumm und gemein halten, im Gespräch befinden. Achten Sie in Ihrer Vorstellung genau darauf, was Sie von ihrem Tun und Sagen so richtig innerlich ablehnen. Beobachten Sie weiterhin genau, über welche ihrer üblichen Handlungen Sie sich häufig aufregen. Anschließend stellen Sie sich bitte vor, wie Sie ihnen ruhig zuhören, wobei Sie sich sagen, wie töricht und fehlerhaft sie sich verhalten, und sich dabei davon überzeugen: „Verdammter Mist! So sind sie nun einmal! So sind sie schon immer gewesen, und vermutlich werden sie auch in etwa so bleiben. Mist!" Daraufhin stellen Sie sich weiter vor, wie Sie ihnen weiter gelassen zuhören, sie mit ihren verqueren Eigenschaften akzeptieren und lediglich unzufrieden, aber nicht wütend sind. Können Sie sich dieses Bild lebhaft vorstellen (das Sie demnächst mindestens fünf Minuten täglich üben sollen)? Diese Leute machen genau den Mist, den Sie ihnen vorhalten – Sie aber bleiben gelassen, lassen sich durch ihr Benehmen nicht aus der Ruhe bringen und lehnen es ab, sich darüber zu erzürnen. Hierdurch werden Sie auch vernünftiger mit ihnen umgehen und besser mit ihnen zurechtkommen. Aber keine Ausreden! Mindestens fünf Minuten Übung jeden Tag!"

Der Manager machte seine Hausaufgaben gründlich und berichtete nach einigen Wochen bei einer folgenden Gruppensitzung über seine Erfahrungen: „Zuerst habe ich die Übungen nur routinemäßig gemacht und das wirkte ganz gut. Ich regte mich weniger über das dumme und negative Verhalten anderer auf. Als ich dann aber merkte, wie es wirklich Ergebnisse brachte, habe ich die Übungen mit noch mehr Energie durchgeführt, und bald darauf begann ich, die Leute mit anderen Augen zu sehen. Ich verstand allmählich, dass sie fehlerhafte Wesen sind, dass das aber nicht entsetzlich ist. Ich wurde ein immer besserer „Drehbuchschreiber" für meine imaginierten Szenen, in denen ich gelassen auf sie reagierte, egal wie armselig sie sich benahmen; und ich konnte mich davon überzeugen, dass ich so handeln könnte. Schon bald führte ich meine phantasierten Regieanweisungen auch in der Realität aus. Heute scheine ich in der Tat nur noch selten, nach schweren Provokationen, davon abzuweichen. Meine Mitarbeiter sind über meine Veränderungen erstaunt, und einige Kunden haben dasselbe mir oder Mitarbeitern gegenüber bemerkt. Dies wird jetzt richtig ein Teil von mir! Ich weiß nicht nur, dass ich wie ein Erwachsener handeln kann, wenn sich andere in meiner Gegenwart kindisch benehmen, sondern ich sehe auch genau, warum ich mich so besser verhalte. Ich habe den Eindruck, dass sich meine Lebensansichten vollständig verändern!"

Auf vielfache Weise kann die REI zur Überwindung Ihrer aktuellen oder potenziellen Verstimmungen eingesetzt werden. Bevor Sie eine bestimmte Aufgabe, wie z.B. das Abfassen eines Geschäftberichtes, nicht zu schaffen glauben, können Sie sich vorstellen, wie Sie es ablehnen, sich wegen eines möglichen Versagens selbst abzuwerten. Und wenn Sie den Bericht schreiben und er sich als mittelmäßig herausstellt, können Sie sich vorstellen, wie Sie ihn abgeben, wie er schlecht beurteilt wird, wie Sie diese Ablehnung zwar unschön finden, sich deswegen aber trotzdem nicht als Versager beurteilen und in der Folge übermäßig gekränkt und verletzt reagieren. Anschließend können Sie sich vorstellen, wie Sie (1) in Zukunft bessere Berichte schreiben und (2) gelassen Ihre Unfähigkeit akzeptieren, wenn Sie wieder einmal einen schwachen Artikel verfasst haben.

Die REI kann praktisch bei allen Aktivierenden Ereignissen nutzbringend eingesetzt werden: Sie können sich lebhaft ausmalen, wie Sie schwierige Entscheidungen treffen, besondere Risiken eingehen, ohne Beunruhigungen gesellschaftliche Aufgaben erfüllen, mit den Schwächen und Problemen Ihrer Partner und Kinder zurechtkommen, gegebenenfalls sexuelles Versagen akzeptieren und sich so an ziemlich jede bevorstehende Schwierigkeit und problematische Situation philosophisch anpassen. Unter allen Umständen sollten Sie versuchen, sich durch regelmäßige Anwendung der REI selbst davon zu überzeugen, dass Sie viele Dinge tun können, die Sie sich oft nicht zugetraut haben. Gehen Sie aber noch weiter und machen sich klar, dass es, auch wenn Sie miserabel abschneiden, dennoch nicht schrecklich ist und Sie keine wertlose Person sind. Wenn Sie einmal begonnen haben, sich mit mehr Gleichmut zu akzeptieren, selbst wenn Sie zweifellos irgendwelche Fehler gemacht haben, werden Sie in der Regel diese Übungen fortsetzen und möglicherweise das nächste Mal mehr Erfolg haben. Aber zur Erinnerung: Erfolg ist niemals das Allerwichtigste, er ist nur angenehm, erfreulich und wichtig. Wenn Rational-Emotive Imagination Ihnen dies vermitteln kann, wird sie zu einer Ihrer wichtigsten Lebenstechniken werden.

Verstärker-programme

Eine andere einfache, direkte und rasch anwendbare Technik zur Hilfe bei emotionalen Problemen – besonders bei jenen, die mit Trägheit, Antriebslosigkeit und allgemeiner Trotteligkeit einhergehen – besteht darin, für sich „Verstärkerprogramme" zu entwerfen. Diese Methode geht im Grunde auf den berühmten Psychologen B.F. Skinner zurück, der einen großen Teil seiner Arbeit mit der Untersuchung von Verstärkermodellen bei Tieren und Menschen verbrachte. Er konnte schließlich beweisen, dass ein Lebewesen (in seinen bahnbrechenden Untersuchungen war es eine Taube) sein Verhalten stark verändert, wenn es für die Durchführung einer bestimmten Handlung jedes Mal belohnt, bei Nichtdurchführung derselben Handlung dagegen jedes Mal bestraft (oder zumindest benachteiligt) wird, so dass es schließlich „natürlich" und spontan die zur Verstärkung (=Belohnung) führende Handlung fortführt. Viele Verhaltenstherapeuten benutzen dieses Prinzip in Kombination mit D. Premack's Verstärkertheorie.

Premack's Verstärkertheorie

Premack fand heraus, dass der Verstärker, der einem Individuum zur Verhaltensänderung verhilft, nicht unbedingt ein sog. primärer Verstärker sein muss – wie Essen, Trinken oder Sex. Es kann sich dabei ebenso um jede Art sekundärer Verstärkung handeln – z.B. jede Handlung, die ein Individuum als lohnend und befriedigend einschätzt. Selbst kleine Kinder antworten, wenn man sie nach lohnenswerten Aktivitäten befragt, meist so etwas wie: „Herumlaufen, mit anderen reden oder schreien." Wenn ein Lehrer z.B. für etwa 10 Minuten die volle Aufmerksamkeit seiner Schulklasse erlangen möchte – Lehrer wissen, wie schwer das ist – kann er ihnen etwa sagen: „Hört einmal zu, Kinder. Wenn ihr nur die nächsten 10 Minuten aufpasst, dann werde ich Euch herumrennen, miteinander schwätzen oder schreien lassen." Die Kinder auf solche Art zu verstärken (d.h. zu belohnen) führt viel häufiger dazu, dass das erwünschte Aufmerksamkeitsergebnis folgt, als andere Erziehungsmethoden.

Auch Sie können Selbstverstärkungsprogramme entwickeln, um schwierige oder Disziplin erfordernde Aktivitäten zu erleichtern. So können Sie, wenn Sie Schwierigkeiten mit dem Abfassen von Berichten haben und dieses ständig aufschieben, zu sich sagen: „Genug aufgeschoben und vermieden! ich will jetzt mal überlegen, was ich wirklich gerne tue und das fast jeden Tag. Mmm. Essen. Musik hören. Mit Freunden reden. O.K. Ich werde mir ab jetzt nur noch erlauben, ein gutes Essen einzunehmen, nachdem ich mindestens zwei Stunden täglich an meinen Berichten gearbeitet habe. Ganz im Ernst! Mindestens zwei Stunden Schreibarbeiten täglich – oder kein Essen!"

In ähnlicher Weise können Sie einen Plan für alle möglichen unangenehmen Aufgaben machen – z.B. für Gewichtsnormalisierung, Sportübungen, ein Beförderungsgespräch mit Ihrem Chef, das Aufräumen Ihres Schreibtisches, den Entwurf einer neuen Verkaufskampagne – indem Sie sich einfache, sehr befriedigende Dinge verbieten, solange Sie die schwierigen noch nicht erledigt haben. Wie der Abteilungsleiter einer relativ großen Produktionsfirma, der zu einem Manager-Workshop in das New Yorker Institut kam. „Wie," fragte er mich (A.E.) und die anderen Gruppenteilnehmer, „kann ich mich dazu bringen, die Beschwerdebriefe, die ich von Zeit zu Zeit bearbeiten muss, zu beantworten? Mein Gott, ich habe mittlerweile ca. 30 solcher Briefe in meiner Schublade gestapelt – einige schon seit Monaten. Und Sie wissen ja, wie das läuft. Erst beschweren sich die Leute. Dann beschweren sie sich, dass ihre Beschwerde nicht bearbeitet wurde. Dann beschweren sie sich, dass sie auf ihre ersten zwei Briefe keine Antwort bekommen. Und so weiter, und so weiter! Was kann ich da machen?"

Wir versuchten mit diesem Kollegen verschiedene Methoden. Wir zeigten ihm, dass er, wenn er die erste Beschwerde nicht erstklassig bearbeitete, dennoch kaum ein schrecklicher Versager wäre. Es würde doch lediglich bedeuten, dass er diese Arbeit nicht besonders gut mache; oder dass es vielleicht überhaupt keine Antwort gebe, die den Beschwerdeführer zufrieden stellen könnte. Aber in jedem Fall wäre er wohl kaum ein totaler Versager.

Wir machten ihm zweitens deutlich, dass er eine typisch niedrige Frustrationstoleranz zeige und sich beständig so dummes Zeug einrede wie: „Es ist eine höllisch anstrengende Sache, diese Briefe zu beantworten. Es gehört sowieso nicht wirklich zu meinen Aufgaben, sondern mein Chef hat sie mir unfairerweise aufs Auge gedrückt. Warum sollte ich etwas tun, was normalerweise sein Job ist? Und die Beantwortung solcher Briefe ist nicht nur schwierig, nein, sie ist zu schwierig, und so etwas Schwieriges muss ich nicht auch noch machen! Ich lasse diesen Stapel verdammter Briefe weiter wachsen, und warte ab, ob ich und alle anderen ihn nicht einfach vergessen können."

Wir zeigten ihm, wie er diese irrationalen Gedanken disputieren kann, indem er sich selbst hinterfragt: „Warum darf ich diese unangenehme Aufgabe nicht haben, auch wenn es unfair ist, wie sie mir von meinem Chef übertragen wurde? Wer bin ich denn, dass ich absolute Fairness im Leben verlange? Und warum, wenn es auch schwierig ist, solche Briefe zu beantworten, ist es zu schwierig? Macht es mir nicht viel mehr Schwierigkeiten, sie nicht zu beantworten und mir auf diese Weise ständig mehr Arbeit zu machen? Werden die Schreiber wirklich ihre Beschwerdebriefe vergessen, wenn ich sie weiter auf den Stapel lege? Wird mir dieses Vermeidungsverhalten wirklich mehr als eine flüchtige Erleichterung verschaffen?"

Während wir ihn dazu bewegen konnten, seine grundlegenden irrationalen Einstellungen auf diese Weise zu hinterfragen, schlug die Gruppe zur Ergänzung einen einfachen Selbstverstärkungs-Plan vor. Sie brachten diesen Meister der Vermeidungstaktiken dazu, nicht mehr mit seiner Frau zu schlafen, bevor er sich mit der Beantwortung der Beschwerden befasst hatte. Da er ein ziemlich sexbesessener Mann war, brauchte es nur einige Tage, bis er alle vorliegenden Beschwerdebriefe beantwortet hatte; und im nächsten halben Jahr – wie er mich später informierte – gab es keinen Tag, an dem er nicht sofort einen neu eingegangenen Beschwerdebrief beantwortete. Mittlerweile entwickelte sich seine sexuelle Potenz parallel zur Verbesserung seiner schreibenden Fähigkeiten, sehr zur Freude auch seiner Frau! Er schrieb mir hierzu später Folgendes: „Ich weiß nicht genau, ob ich Ihnen und der Workshop-Gruppe eher für die wesentlich geringere Ängstlichkeit und größere Gelassenheit dankbar bin, die ich jetzt spüre, weil mich die Last der Briefe nicht mehr drückt, oder über die großartige Verbesserung meines Ehelebens, an dem ich seit der Änderung meines Arbeitsverhaltens viel mehr Freude habe. Ich habe mir, als ich zum ersten Mal zu Ihrem Workshop kam, niemals vorgestellt, dass das mögliche Ergebnis so sexy sein könnte! Aber darüber will ich gar nicht klagen!"

Selbstverstärkerprogramme können bei den verschiedensten Problembereichen erfolgreich eingesetzt werden. Wir haben z.B. einigen Klienten damit helfen können, Berichte zu schreiben, Verkaufspläne zu erstellen, gesellschaftliche Versammlungen zu besuchen, der eigenen Familie mehr Zuneigung entgegenzubringen, ihre Büros zu renovieren, das Rauchen aufzugeben und eine Menge anderer Sachen zu machen, die sie für zu schwierig gehalten hatten - indem wir gemeinsam einen individuellen Verstärkerplan entwickelten und seine Einhaltung eine Zeit lang gemeinsam kontrollierten. Wenn wir diese Methode dann noch mit der „Verdammter Mist!"-Methode und Rational-Emotiven Imaginationsübung verbanden, führte dies bei den meisten Personen zu einer allmählich durchgreifenden Veränderung der individuell verschiedenen grundlegenden Persönlichkeitsstrukturen. Keine dieser Techniken, allein oder kombiniert angewendet, ist ein Allheilmittel für alle emotionalen Problemen. Das gibt es ohnehin nicht! Wenn diese Methoden aber überzeugt und unbeirrt eingesetzt werden, können sie dem Betroffenen auf seinem langen Weg helfen, einige seiner tiefstverwurzelten und längst bestehenden emotionalen Blockaden zu überwinden.

Wollen Sie es nicht auch versuchen und sehen, was dabei herauskommt?

Glossar

ABC-Modell – von Albert Ellis entwickeltes Modell zur Erklärung des Zustandekommens menschlicher Gefühlsreaktionen (und daraus resultierender Verhaltensreaktionen). Die grundlegende Formulierung des ABC-Modells findet sich schon bei Epiktet, dem bedeutendsten Vertreter der stoischen Philosophie (um 50 - 130 n. Ch.): *Es sind nicht die Dinge an sich, welche die Menschen beunruhigen, sondern ihre Sichtweise von den Dingen.* Das ABC-Modell liegt nicht nur der Rational-Emotiven Verhaltenstherapie, sondern der modernen Kognitiven Verhaltenstherapie insgesamt zugrunde.

Absolutistisches Fordern – auch Muss-Denken, „Muss-turbieren" (engl. demandingness). Denken in Begriffen des Müssen, Sollen, Nicht-Dürfen statt Wünschen, Nicht-Wünschen (sog. Präferenzielles Denken). Nach A. Ellis die Basis irrationalen Denkens, aus der sich die weiteren Grundstrukturen wie Katastrophisieren und pauschales Personenbewerten ableiten.

Adversity (früher: Aktivierendes Ereignis oder Aktivierende Erfahrung). Steht für das A im ABC-Modell. A's können sein: äußere Ereignisse, aber auch „innere Ereignisse" wie Gefühle, Gedanken, Empfindungen, häufig in Form eines 2. ABC bzw. von Symptomstress.

Akzeptanz – wesentliche Grundlage für seelische Gesundheit. Sich selbst akzeptieren heißt: Sich als Mensch, als Person nicht zu bewerten, sondern anzuerkennen, dass Menschen niemals pauschal bewertet werden können. Insbesondere kann der Wert eines Menschen nicht über seine Handlungen und/oder einzelnen Charakterzüge bestimmt werden. Der Grundsatz lautet: Ich *bin* nicht das, was ich *tue*! Erstrebenswert ist nach Auffassung von Albert Ellis nicht ein hohes Selbstwertgefühl, sondern bedingungslose Selbstakzeptanz: „Ich akzeptiere mich als Person mit allen meinen Fehlern wie Stärken und bewerte nur meine Handlungen und/oder Eigenschaften". Das Pendant zur Selbstakzeptanz ist die Fremdakzeptanz. So führt z.B. das pauschale Be- bzw. Abwerten (engl. damning) zu feindseligen Gefühlen (Wut, Hass) und damit zu aggressiven Handlungen in der Bandbreite von verbalen Aggressionen bis hin zum Genozid.

Angst – ungesunde, selbstschädigende Emotion. Die gesunde emotionale Alternative ist Besorgnis.

Axiome der REVT – nach Ansicht der REVT die fünf Lebensziele, welche die meisten Menschen ihrem Leben zugrunde legen und folglich deren Erreichung anstreben.

Beliefs – Bewertungen, Einstellungen, persönliche Stellungnahme. Sie sind die eigentlichen „Kausalfaktoren" für Gefühle. Zu unterscheiden sind sog. irrationale Gedanken (engl. irrational beliefs) vs. rationale Gedanken (engl. rational beliefs) bzw. dysfunktionale kognitive Schemata vs. zielführende kognitive Schemata bzw. selbstschädigende Einstellungen vs. zielförderliche Einstellungen.

Bewertungen – siehe Beliefs

Emotionale Blockaden – s. Emotionale Konsequenzen

Emotionale Konsequenzen – (engl. emotional consequences), stehen für das C im ABC-Modell. Danach sind Emotionen nicht die unmittelbare Folge von A, sondern von B. Die emotionalen Konsequenzen motivieren ihrerseits zu Verhaltensweisen, den behavioralen Konsequenzen (engl. behavioral consequences), wie z.B. Angst zu „Weglaufen" oder Vermeiden motiviert. Zu unterscheiden sind negative ungesunde Emotionen (engl. negative unhealthy emotions) und negative gesunde Emotionen (engl. negative healthy emotions).

Depression – dysfunktionale, selbstschädigende Emotion. Die funktionale emotionale Alternative ist Enttäuschung, Trauer, Unglücklichsein.

Disputation – auch Disputieren: Das Infragestellen oder Hinterfragen oder Anzweifeln der irrationalen Überzeugungen und anschließendes Neuformulieren der rationalen Alternative („kognitives Umstrukturieren").

Emotionen, negative ungesunde Emotionen vs. negative gesunde Emotionen – negative ungesunde Emotionen führen zu zielsabotierenden Verhaltensweisen und sind daher selbstschädigend. I.d.R. sind damit negative Gefühle i.S.v. unangenehmen Gefühlen gemeint. Aber auch positive Gefühle i.S.v. angenehmen Gefühlen können unangemessen sein, etwa (unbegründete) Euphorie. Gesunde (appropriate) Emotionen sind oftmals ebenfalls negativ i.S.v. unangenehm, aber sie motivieren zu zielförderlichen Verhaltensweisen und sind daher nicht selbstschädigend, sondern konstruktiv bzw. funktional. So ist z.B. Trauer eine unangenehme, aber hilfreiche (funktionale) Emotion. Sie motiviert zu konstruktiver „Trauerarbeit", die im Dienste übergeordneter Ziele steht und somit zielförderlich ist. Dagegen führt die depressive Verstimmung zu

Passivität und Rückzugsverhalten und blockiert die übergeordneten Ziele eines Menschen.

Frustrationstoleranz – geringe Frustrationstoleranz bedeutet, sich unverhältnismäßig zu beunruhigen, wenn man frustrierenden Ereignissen (Hindernissen) begegnet. Geringe Frustrationstoleranz (engl. low frustration tolerance, LFT) ist die Folge von irrationalen Kognitionen, die das Wohlbefinden betreffen („das ist zu anstrengend, zu hart, es müsste leichter gehen, das kann ich nicht aushalten etc.").

Irrationale Gedanken – auch selbstschädigende Gedanken, dysfunktionale kognitive Schemata. Sie führen zu Gefühlen, die tendenziell zu Verhaltensweisen führen, welche mit den Zielen des betreffenden Menschen nicht übereinstimmen, sondern diese häufig konterkarieren bzw. sabotieren.

Katastrophisieren oder „Verschrecklichen" (engl. awfulizing) – auch Katastrophendenken oder (scherzhaft) Katastrophose. Form magischen Denkens, häufig ausgedrückt in Begriffen wie „schrecklich, fürchterlich, entsetzlich" etc.: Dinge werden nicht nur als negativ, sondern als 100 % negativ bzw. mehr als 100 % negativ bewertet. „Nichts ist schlimmer als das." Ein Unterfall des Katastrophisierens ist die sog. *Ich-kann-es-nicht-aushalten-Krankheit* (engl. „I can't stand-it-itis").

Lebensziel – in der Hierarchie von persönlichen Zielen weit oben stehendes Ziel, z.B. die Axiome der REVT. (Abschnitt !)

Muss-Denken – (engl. demandingness), auch *absolutistisches Fordern* oder dogmatisches Denken, erkennbar an Begriffen wie „Müssen, Sollen, Nicht Dürfen". Nach Ellis im Zentrum dysfunktionalen oder irrationalen Denkens.

Perfektionismus – Form irrationalen Denkens: „Ich *muss* in allen Dingen, die ich tue, überaus tüchtig, leistungsfähig und kompetent sein. Entspreche ich dieser meiner Forderung an mich selbst nicht, so beweist dies, dass ich ein Versager bin und mich niemand mehr schätzen wird." Folgen dieser selbstschädigenden Einstellung können sein: starke Ängste bis hin zu Panikanfällen und depressive Verstimmungen.

Personenbewertung, pauschale – (engl. damning) irrationales Denkmuster, das davon ausgeht, man könne Menschen aufgrund ihrer einzelnen Verhaltensweisen und Eigenschaften insgesamt bewerten. „Wenn ich (bei etwas) versage, *bin* ich ein Versager." Diese Einstellung verkennt, dass Menschen überaus komplexe Wesen sind und daher niemals pauschal bewertet werden können („Wir sind nicht das, was wir tun"). Mit der pauschalen Personenbewertung geht in der Regel das Verdammen bzw. eine Bestrafungstendenz einher.

Positives Denken – auf Ralph W. Emerson, Emile Coue, Joseph Murphy, Norman Vincent Peale u.a. zurückgehende Methode. Die REVT wird oftmals fälschlicherweise als eine Form des Positiven Denkens angesehen. Der entscheidende Unterschied besteht darin, dass die REVT zwischen rationalen und irrationalen Gedanken sowie gesunden und ungesunden Gefühlen unterscheidet, wohingegen die Vertreter des Positiven Denkens allein auf positive und negative Gefühle und Gedanken abstellen.

Rationales Effektivitäts-Training (R.E.T.) – auf der Grundlage der Rational-Emotiven Verhaltenstherapie entwickelte Coachingtechnik. Ermöglicht die Anwendung der rational-emotiven Verfahren im Bereich von Personalentwicklung und Coaching.

Rational-Emotive Verhaltenstherapie (REVT) – (engl. Rational Emotive Behavior Therapy, REBT), von Albert Ellis Mitte der 50er Jahre des 20. Jhd. entwikkelte Psychotherapieschule, welche die moderne Psychotherapie revolutionierte. Sie führte zur sog. Kognitiven Wende in der klassischen Verhaltenstherapie. Heute exisitiert die Verhaltenstherapie praktisch nur noch als Kognitive Verhaltenstherapie.

Rationales Denken – Undogmatisches Denken, Realistisches Denken, Denken in Kategorien des Wünschens oder Nicht-Wünschens (sog. Präferenzielles Denken) im Gegensatz zu forderndem Denken.

Rationale Vorstellungsübung – (engl. Rational Emotive Imagery, REI), auch Rational Emotive Imaginationsübung, ursprünglich von M. Maultsby („positive REI") entwickeltes Imaginationstraining, von A. Ellis (als sog.„negative REI") weiterentwickelte Übung, die dazu dient, „intellektuelle Einsicht in emotionale Einsicht" zu verwandeln. Dauert ca. 3-5 Minuten, entfaltet seine Wirksamkeit, wenn sie täglich und mindestens 30 Tage lang durchgeführt wird.

Selbstabwertung – siehe Personenbewertung

Selbstakzeptanz – siehe Akzeptanz

Selbstverbalisierung – innerer Dialog, inneres Selbstgespräch („Denken")

Wut - negative ungesunde (selbstschädigende) Emotion. Die negative gesunde emotionale Alternative ist Verdruss, milder Ärger.

DEUTSCHES INSTITUT FÜR RATIONAL-EMOTIVE & KOGNITIVE VERHALTENSTHERAPIE (DIREKT) e.V.

Tochterinstitut des ALBERT ELLIS INSTITUTE
for Rational Emotive Behavior Therapy
der Staatsuniversität New York

Leitung: Dieter Schwartz, Dipl.-Psych.

Geschäftsstelle: Müllersweg 14, D-97249 Eisingen

Tel./Fax. 09306-3298

E-Mail: revt.direkt@t-online.de

www.ret-revt.de

Ausbildungsgänge in Rational-Emotiver Verhaltenstherapie
& Rational Effectiveness Training (Coaching-Ausbildung)

Psychologische Beratung/Therapie

Telefon-Coaching

Managementfortbildungen